庆祝西藏自治区
成立60周年文学精品集

冈拉梅朵，
你是高原的美人

西藏作家协会——编

次仁罗布——总主编

胡沛萍
洛桑更才——主编

作家出版社

图书在版编目（CIP）数据

冈拉梅朵，你是高原的美人／西藏作家协会编 . -- 北京：
作家出版社，2025.9. -- ISBN 978 - 7 - 5212 - 3682 - 8

Ⅰ . I227

中国国家版本馆 CIP 数据核字第 2025K92T89 号

冈拉梅朵，你是高原的美人

编　　者：西藏作家协会
责任编辑：李亚梓
装帧设计：琥珀视觉
出版发行：作家出版社有限公司
社　　址：北京农展馆南里 10 号　　　邮　　编：100125
电话传真：86 - 10 - 65067186（发行中心）
　　　　　86 - 10 - 65004079（总编室）
E - mail: zuojia@zuojia.net.cn
http: // www.zuojiachubanshe.com
印　　刷：河北品睿印刷有限公司
成品尺寸：152 × 230
字　　数：205 千
印　　张：18.5
版　　次：2025 年 9 月第 1 版
印　　次：2025 年 9 月第 1 次印刷
ISBN 978 - 7 - 5212 - 3682 - 8
定　　价：52.00 元

目
录

杨星火

红山头之歌
——献给爱民模范普布扎西

歌　头

年楚河畔的红山头，
在云中闪闪发光！
有位年轻的藏族战士，
站在红山头上！

他手里拿着乌朵，
为千家万户放牛羊，
他胸前挎着冲锋枪，
坚守红山头永不下岗！

战士名叫普布扎西，
这名字像星星般亮，
他那闪光的英雄形象，
永远亮在人民心上……

一

太阳踏着雪山归去，
洒下一路云彩霞光；
普布扎西身披彩霞走来，
牧歌在红山头下飞扬……

"唱歌要在红山头上，
红山头上唱歌最响亮。

"我赶着牛羊唱起歌，
唱得群山轰轰响。

"东山为连队放牛羊，
牛羊像珍珠满山岗。

"羊儿肥来牛儿壮。
为建设边疆添力量！

"西山帮互助组放牛羊，
牛羊像珍珠遍牧场。

"翻身农奴大步向前走
走在社会主义大路上！"

唱起牧歌下山岗。
穿过青稞地进村庄，
人们迎着普布扎西，

好似亲人回故乡。

老阿妈见他来，
提来一壶鲜奶浆：
"布古拉^①！
你为我跳进洪水救起羊，
尝尝这羊奶子香不香？"

姑娘们见他来，
新酿的美酒双手捧上：
"玛米拉！
你为咱扑进烈火救青稞，
这青稞酿酒甜如糖！"

小伙子见他来，
手拉手把话讲：
"阿党拉！
帮咱再读篇毛主席的书。
这宝书越读心越亮！"

红领巾见他来，
扛起木枪挺胸膛：
"叔叔拉！
看我也是一个兵，
骑马挎枪守边疆！"

---

① 拉，表示尊敬。

一路歌声一路笑，
告别乡亲回营房；
冰河旁住着放牧班，
一杆红旗飘在屋顶上。

柴门向着东方开，
石墙上挂着毛主席像，
毛主席好像红太阳，
照得小屋温暖又明亮。

放下乌朵打开毛主席的书，
小杨一步跨进房：
"谁家老乡丢了羊？
五只羊待在红山头上！"

普布扎西推开柴门，
三步跨出好几丈！
仰望红山头暮色茫茫，
望不见羊儿在哪方！

二

墙外大风呼呼响，
屋里酥油灯闪红光，
挑灯重读《为人民服务》，
一颗心牵着五只羊。

八岁为领主放牛羊，

风当茶饭，雪做衣裳。
从小放羊的普布扎西，
他明白羊儿有多少分量！

有一次山洪冲走羊，
领主打得他浑身伤！
揪住头发朝地上撞，
仇恨的伤疤刻在额头上！

世世代代做奴隶，
命运比羊儿更凄怆！
阿爸被领主乱棒打死，
阿妈带着他流浪异乡！

山高挡不住红太阳，
共产党员的队伍到西藏。
放羊的奴隶扛起了枪，
贫苦农奴分得了羊。

人民军队的红炉里炼。
毛主席的光辉下长；
农奴的儿子放羊娃，
红旗下加入了共产党！

胸前挎着冲锋枪，
誓把天下豺狼消灭光
手里挥动放羊鞭，
一心为革命放牛羊。

羊啊，羊！
为盼着能放自己的羊，
多少奴隶盼断肠！

羊啊，羊！
为百万农奴夺回牛羊，
多少战士笑洒热血融冰霜。

千年万年盼来的羊，
怎能叫风雪给冻伤！

老战士鲜血夺回的羊，
怎能让给虎豹豺狼！

乡亲们顶风雪养大的羊，
怎能丢在红山头上！

启明星啊快升起，
漆黑的天啊快快亮！

启明星一听出东方，
天空急忙射出曙光。

普布扎西披衣飞出门，
好似一团火扑上山岗！

三

东山找羊不见羊，
只听山风呼呼响。

南山找羊不见羊，
只见青石遍山岗。

西山找羊不见羊，
堆堆白雪闪银光。

北山找羊不见羊，
蹄印留在雪地上。

眼看太阳落西山，
怪石峰上羊叫唤；
普布扎西飞步上前，
怪石峰叉腰把路拦！

怪石峰：
从古到今千万年，
怪石山上谁敢攀！
山高坡陡冰雪滑，
悬崖下面大冰川！
鹿子上山腿也软，
山鹰飞来翅膀断！

普布扎西：

高原战士不畏难，

威名赫赫震山川！

高山低头河水让路，

英雄壮举天下传！

鹿子上山腿发软，

我放声大笑要登山！

怪石峰：

小小青年气魄大，

难道吃了豹子胆？

你敢夺回这五只羊，

除非力大能移山！

普布扎西：

农奴的儿子骨头硬，

推倒三大领主三座山；

活山尚且能推倒，

踩你在脚下有何难！

怪石峰：

好一个顶天立地英雄汉！

何必为五只羊冒风险？

普布扎西：

虽说这是五只羊，

它却把革命战士来考验：

为人民利益而死，

重于喜马拉雅山！

普布扎西冲向怪石峰，
吓得怪石峰打颤颤。
普布扎西脚踩怪石峰，
一声呼唤羊儿下了山。

谁曾想呵谁曾想，
刮风卷沙冰上掩！
普布扎西一步踩上去，
腾空滚下了大冰川……

四

不幸的消息飞下山岗，
传遍远近山村和牧场；
乡亲们翻山涉水看亲人
哪管山高风雪狂！

老阿妈颤巍巍扑上来，
提一壶鲜奶手里晃，
"布古拉！
你的心比羊奶更洁白，
请喝一碗鲜奶浆！"

姑娘们捧着醇酒来，
热泪滚滚湿衣裳，
"玛米拉！

你的情意重如山，
再把这深情的美酒尝一尝！"

小伙子急步走过来，
毛主席的书捧在手上：
"阿党拉！
你的思想比珊瑚更红，
再把这宝书给咱讲一讲。"

孩子们列队走上来，
献上红领巾献上愿望：
"叔叔拉！
我们定做共产主义接班人，
像你一样守边疆。"

乡亲们捧着哈达来，
千百条哈达齐献上：
"普布扎西拉！
我们宁舍万只羊，
舍不得你呵，
藏族人民的好儿郎！"

普布扎西昂起头，
千言万语涌心上：
"只要家家牛羊壮，
我不喝鲜奶又何妨！
只要户户青稞香，
我不喝醇酒心欢畅！"

看着年轻人望着孩子，
手抚红领巾语重心长：
"走路要走革命的路，
接班要紧握刀和枪！
把吃人的老爷通通打倒，
让天下的奴隶都解放……"

尾 声

红山头啊闪闪发光，
美丽的传说飞向四方！
普布扎西没有死，
永远站在红山头上！

有他站在红山头上，
水草丰盛牛羊壮；
有他站在红山头上，
革命的江山似铁钢！

人们看见红山头，
就像望见普布扎西；
光芒四射的红山头下，
千万个普布扎西在成长！

汪承栋

金翼的骏马

一

在科技大会开幕的前夕，
我彻夜贪阅材料，不顾斗转星移；
突然，一份典型事迹跳进眼帘，
紧紧抓住我的呼吸、感情、思绪。

闪光的智慧满纸流溢，
革新的硕果令我惊喜，
因为它来自遥远的西藏，
更由于他是我熟悉的益西。

于是，一位厚唇皓齿的藏胞，
在我的面前虎腰挺立，
你劈胸三拳休想动他一步，
他是这般英武，像雪松耸出云霄。

他头戴红色狐皮帽，
剑眉下的双眼如闪电犀利；
他身跨一匹金翼的骏马，

提起这骏马可真有来历。

呵！一个连石子也数不清的奴隶，
竟是老革新迷，登攀科学云梯；
这巨变比任何传说还要神奇，
比七色丝织的图案加倍瑰丽。

我骄傲！为我的老友益西，
为英雄的人民，为冲锋的阶级；
呵啧！他却含着尴尬地笑了，
腼腆中包含再接再厉的谦逊……

二

风雪的高原，酷寒的羌塘，
队伍行进在茫茫草原上；
我第一次结识童年的益西，
他赤着脚为领主放牧牛羊。

成群的牛羊究竟有多少？
他细数着石子回答不上；
但假如丢失一只他都知晓，
他能道出每只牛羊的性格和形状。

"四蹄白"嘴最馋见草就啃，
"一身黑"力最大山梁能扛，
"亮角头"脾气暴常将野狼顶跑，
"花脑壳"性温柔爱把笛音欣赏……

嗬！多漂亮的名字，多富有的想象，
我真想摘朵彩霞挂在益西胸膛；
数字观念薄弱又有何妨，
成百牛羊蹦跳在他的掌心上。

临别时他稚气地告诉我
一个雪泉般明亮的幻想：
"能有匹金翼的骏马该多好，
偌大草原任我飞翔。"

展望草原，辽阔、空旷，
我懂得牧民爱马的心肠，
如同渔人爱网，猎手爱钢枪，
何况这骏马还长双金翅膀！

三

幼松成长，增添着年轮，
重逢时，他已有好几年工龄；
迎着毛主席的春风，他去到民族学院，
浴着共产党的阳光，他回厂大搞革新。

流动红旗像钉在他的机床上，
光荣榜像刻着他的英名；
祝贺他呵，实践出真知，实践育良材，
实践——真理的天平。

"祝你已跨上金翼的骏马。"
谁知这句话使他双颊升起红云；
他的回答宛如六弦琴一般美妙，
要不，百灵鸟怎么会停止在枝头倾听？

"过去我渴望金翼的骏马，
因为赤脚走草原苦寒难忍；
今天我仍渴望金翼的骏马，
是想翱翔在科技的天庭。

"我奋力自攻数理化的难关，
打盹也像在捕捉知识的繁星；
我是刚刚获得骏马呵，
才起步奔向工业现代化的前程。"

如果这些话飞上雪山，
定会比雪莲开得茂盛；
猛忽闻，他竟挨批斗，
黄沙浊浪妄想吞浸赤金。

四

那时，乌云沉沉遮天幕，
那时，四颗妖星霸银河；
益西的头上千斤锁，
帽子一串："白专道路""假劳模"。

奴隶学科学披荆斩棘，

从何讲：功劳越显罪越多？！
为革命攻关挥汗成河，
怎么说：粒粒汗珠铸大错？！

问苍天？——不！
苍天只板着公道的面孔，从未公道地评说；
问大地？——不！
大地只披着正义的伪装，从未正义地放歌。

"全靠我们自己……"
益西唱起《国际歌》；
上高峰猎香獐怎能怕云封雾锁，
无产阶级的辞海查不到"退却"！

面向朝阳，自有红霞千万朵，
心怀马列，只知斗争的欢乐；
牛棚狭窄又有何妨，
人民的草原天高地阔。

他在牛棚里为革新设计，
他在牛粪火边呕心探索；
我们英雄的骑手并未下征鞍，
且看他日越千重岭，夜跨万条河！

五

在科技大会火热的会场，
益西被掌声抬到讲台上；

我听他发言，不，听他诗朗诵，
飞瀑般的激情感我热泪盈眶。

每一句都是金镶银饰，
——歌颂党中央；
每一句都是珠砌玉垒，
——赞美科技的大好春光。

东方巨人向"四化"进军的脚步声，
在他的朗诵中听得出回响；
对惯于"一慢、二看、三通过"的人，
他的话简直是击一猛掌。

我的血管里沸腾的血液，
像他心里滚动炽烈的岩浆；
再度重逢于此时此地，
灯群都投来羡慕的眼光。

"祝贺你真正跨上金翼的骏马。"
我把千言万语并作一句讲；
他一个手势胜似万语千言，
笑指着，主席台上领袖的彩像

"是党寻来了无价骏马，
还给插上金色的翅膀，
驮着你、我……呵！整个祖国，
扬鬃放蹄向'四化'飞翔！"

杨泽明

春 讯

在喧腾的雅鲁藏布江畔，
我仿佛听见延河的涛声；
啊，母亲寄来一包种子，
带来了宝塔山下的春讯！

我双手捧着金灿灿的种子，
像捧着延安人民炽热的心；
它饱含着大海般的深情啊，
每一粒的分量重过千斤！

我抑制不住胸中澎湃的激情，
耳边回响着大生产的歌声。
先辈当年在延安播下的种子啊，
将同我一道在雅鲁藏布江畔发芽生根！

刨开冰冻的土地把种子播下，
也播下高原战士赤诚的心。
浴着朝阳种子抽出苗壮的新芽，
我们挥汗把万顷禾苗滋润……

种子在雅鲁藏布江畔开花结果，
金色的麦浪涌向绿色的军营；
仿佛喧腾的延河从我胸中流过，
心上闪耀着宝塔山上的红星。

啊！延河边上的母亲哪，
你可曾听见雅鲁藏布江的涛声？！
延河边上的种子在这里开花结果，
西藏高原成长着第二代延安人！

雪山乡邮员

马蹄敲响惊雷，
森林闪在两边；
彩虹飞架金桥，
来了雪山乡邮员！

眉梢点点冰花，
胸中火热一团；
风里来啊雪里去，
爬冰餐雪心里甜。

响鞭摇落满天星斗，
一串串蹄花美如雪莲；
冰雪封不住崎岖的山径，

矫健的雄鹰是你的伙伴。

羌塘草原敞开胸怀，
缕缕炊烟招手呼唤；
群山捧起灿烂的朝霞，
飘挂在你的双肩。

哈，卸下一袋沉甸甸的报刊，
投出一封封来自天南海北的信件；
扬起一路和煦的春风，
嘘掉浑身寒气和困倦。

周艳炀

欢庆的哈达

蓝绸子般的晴朗天空，
吉祥的彩霞把脸笑红了；
因为金色的太阳升起来，
它又沐浴在灿烂的阳光中了。

绿缎子般的辽阔草原，
如意的格桑花遍地开放了；
因为强劲的东风吹化了积雪，
它们又能扬眉吐气地争艳了。

松耳石般的原始森林，
欢乐的孔雀亮翅开屏了；
因为自治区筹委会的成立，
那欢庆的哈达舞跳起来了！

雅鲁藏布歌长情深

一

雅鲁藏布碧波粼粼，
水流万里歌长情深；
过去，
它唱着一支永远唱不完的歌，
歌曲的旋律缓慢而又低沉。

解放前，江水总是浑浊不净，
因为虎豹狼熊常来江边聚饮；
三大领主的马蹄常来踩涉，
头人行商也常来擦洗白银。

旧社会，江水总是叹息悲鸣，
因为常年背水的女奴泪雨飘淋；
锋利的河石常把船奴的脚划破，
逃走的农奴常因渡水而丧命。

二

雅鲁藏布碧波粼粼，
水流万里歌长情深；
如今，
也唱着一支永远唱不完的歌，
歌曲的旋律欢快而又清新。

解放后，江水总是透明而欢腾，
因金色的太阳照耀在雪山之顶；
吉祥的民主改革解放了奴隶，
农奴翻身做了国家真正的主人！

陈毅给咱西藏送来苹果树苗，
"红元帅"已在江河两岸扎根；
周总理派人送来冬小麦良种，
如今江河两岸已是四季常青。

啊！
雅鲁藏布碧波粼粼，
水流万里歌长情深；
如今，
它唱着一支永远唱不完的歌，
歌曲的旋律欢快而又清新……

徐官珠

绿云飘落在冰峰雪岭
——人民解放军进驻拉萨

一片又一片
绿色的云
从黎明的那边飘来，飘来

滴落于冰峰雪岭
滴落于悬崖峭壁
绿了一圈又一圈
绿了一层又一层

滴落于拉萨河谷
滴落于万仞古城
绿了万户千家
绿了缕缕神韵
绿了枯竭的心灵
绿了暗淡的眼睛
绿了古老的希望
绿了冰封的人生

来自世界屋脊的豪语

谁能高举镢头顶着月亮？
谁能高举铁锹铲下银河上的星星？
谁能日日夜夜踏着白云？
谁能看到旭日从眼下初升？
只有我们，我们，
——世界屋脊上的养路工人。

谁能看到一串串的夜明珠，
闪过重重山，照亮布达拉宫顶？
谁能让飞驰在世界屋脊上的汽车，
把劳动的歌声带到拉萨，日喀则，
天安门，北京城？
只有我们，我们，
——世界屋脊上的养路工人。

谁的孩子从小就沐浴着强烈的日光？
谁的孩子从小就在海拔五千多米的山上生存？
谁的孩子从小就喜爱劳动课程？
谁的孩子把铁锹碰顽石的音响当成歌声？
只有我们的孩子，
——世界屋脊上未来的养路工人。

马丽华

报到，向祖国边疆报到

报到，
向祖国边疆报到！
伴着喜庆锣鼓的节拍，
展双翼，从四面八方起飞，
跨万里，在西藏高原落脚。

心中，汇满对领袖的深情；
耳畔，萦绕着主席的教导。
冰冻三尺犹觉暖，
海拔五千何惧高！
越秦岭，走昆仑，
喜看江山分外娇；
唐古拉，入云端，
登峰一览亦觉小。
征途万里等闲过，
凯歌铺满长征道——
穿越山山水水，
我们心海涨起万丈潮；
战斗在高原上，
我们胸中充满幸福与自豪！

报到，

我们，肩负着阶级的重托，

我们，向翻身农奴报到。

莫只见，

霞飞旗舞，人海歌潮，

迎接我们的，

也不仅仅是高原上的雨雪风暴。

被打倒的农奴主阶级正磨刀霍霍，

精生白骨曾一度伸进颠覆的魔爪。

何惧惊涛拍岸，山崩海啸；

和百万翻身农奴并肩战斗，

我们擒妖降魔，志壮胆豪！

对人民，我们是炽热的烈焰，

对敌人，我们是仇恨的钢刀！

报到，

向金色的高原报到！

揣一颗红心光闪闪，

怀一腔豪情如海涛。

问沃野，何时"渡江"超千斤？

问珠峰，胸中宝藏有多少？

标杆红旗云里舞，

踏遍雪山人不老。

让滚滚乌金汇成河，

让皑皑银棉映羊羔，

让钢花吐蕊开高原，
让麦海卷起万里涛，
让人造天河入云端，
让列车隆隆过金桥。
沿着党指引的航向，
和翻身农奴一道，
战天斗地建设边疆，
风流人物数今朝！

报到，
向祖国边疆报到！
壮志凌云情愈浓，
豪情满怀志更高。
征途上，响起了永远进击的冲锋号。
让我们美丽富饶的新西藏呵，
朝着"四个现代化"的宏伟目标迅跑！

访新居

水绕山，山抱水，
苍松翠竹覆霞晖，
欲寻新村何处是，
廿里山道叠翡翠。
万绿丛中花一束，
新房恰似花中蕊，

我欲采花酿成蜜，
只恨难做蜜蜂飞……

好景致，在边陲，
更添何处歌声脆！
但闻欢歌不见人，
引我步入新居内。
主人敬我一碗酒，
未尝启唇心先醉——
昔日边民黄连苦，
而今生活比酒美！

主人欲笑还蹙眉，
不待答言先下泪——
风雨漂泊二十载，
号寒啼饥曾向谁？
乡思无涯愁无涯，
冷月圆缺夜难挨……
凄凄半世谁堪怜，
茫茫生死几为鬼！

严冬里，发惊雷，
春风送我高原回！
他乡纵有千般好，
难比故土一掬水！
悠悠不尽游子意，
老泪难洗愧与悔！
从今当学青山志，

再莫重做孤雁飞……

一席话，铭心扉，
半是欢喜半为悲。
捧酒还请主人饮，
祝辞声声发心内——
老朽枯木逢春时，
定会抽枝绽新蕾……
忽闻窗外歌又起，
似是新翻《彩云归》……

吴雨初

酥油茶

亲爱的朋友，请吧，请吧，
你披着吉祥的彩霞来藏家，
请在这生花的卡垫上就座，
请接过这碗喷香的酥油茶。

黄金般的酥油，
红酒般的藏茶，
白玉般的瓷碗，
紫云般的鲜花，
伴随着我们古老的民族，
飘香在西藏的万户千家。
它培育了我们火热的情感，
在万里高原把冰雪融化；
它浇成了我们勇敢的性格，
在辽阔的草原飞身跃马；
它使我们变得聪明，
催开朵朵民族智慧的奇葩；
它养成我们好客的习惯，
让各族宾客频传佳话……

呵，

酥油茶是藏族的血液，

没有酥油茶就称不上藏家！

酥油茶是友谊的甘露，

不喝酥油茶就理解不了藏家！

亲爱的朋友，

请吧，请吧，请把这喷香的酥油茶喝下，

它会使你爱上我们的民族，

它会使你和我们亲如一家！

闪光的松耳石

闪光的松耳石哟，

莫要那样耀眼地闪光！

不是我不喜欢你的光，

是害怕看了你，

我无心去放牛羊。

闪光的松耳石哟，

莫要那样耀眼地闪光！

不是我不爱看你的光，

是害怕看了你，

酥油茶也喝不香。

闪光的松耳石哟，

莫要那样耀眼地闪光!
不是我不想看你的光,
是害怕看了你,
夜晚难进梦乡。
闪光的松耳石哟,
莫要那样耀眼地闪光!
可我怎么也躲不了你的光,
因为你的光太美太强,
好像一个世界全在那宝石上!

恰白·次旦平措

圣地欢歌

圆圆地球极巅端
皑皑雪峰做珠饰
浩浩四江似银带
高高西藏圣地欢

久久历史千年间
远远闻名古城堡
美美声誉世间罕
处处称颂圣地欢

巍巍群山环四周
潺潺江河从旁流
郁郁园林盖天地
密密村落遍圣地

滚滚奔流拉萨河
唯唯听从人教诫
净净水晶河坝里
清清河水圣地欢

悠悠荡漾拉萨河
高高铁桥架上部
亮亮灯火似星散
闪闪光辉圣地欢

直直犹如梵天尺
平平纵横公路上
条条连接如棋局
片片美景圣地欢

黝黝柏路两条边
齐齐绿树排成列
圆圆似伞蘖枝旋
爽爽阴凉圣地欢

挺挺似香竖立枝
明明灯使朝阳羞
漆漆黑夜如白日
亮亮日城圣地欢

葱葱树木园林处
洁洁房屋巧装饰
绿绿无际原野上
串串明珠圣地欢

高高屋宇大楼层
栋栋鲜美各相争
双双窗扇千万中

——横生圣地欢

绕绕八廓街四周
种种商铺有百间
盈盈集市甚繁荣
芸芸人群圣地欢

每每饮食出新鲜
喷喷香味散饭馆
净净瓷碗盘碟中
香香佳肴圣地欢

远远藏北牧人们
黄黄酥油如香菇
红红鲜味牛羊肉
丰丰满满圣地欢

花花图标裁毛毯
绵绵藏被与梆丹
白白羊毛等产品
样样齐全圣地欢

代代相传习俗性
美美华丽上等服
巧巧柜箱等家具
比比皆是圣地欢

众众奋勇藏民族

勤勤开创新史章
奇奇文物传驰誉
闪闪发亮圣地欢

酷酷压迫强收税
蛮蛮剥削已归去
安安悠闲各自行
全全享尽圣地欢

朵朵花盛青少年
愉愉游玩校园中
渊渊知识勤学练
速速成才圣地欢

长长无际公路上
快快汽车奔腾飞
远远昔日一天路
直直抵达圣地欢

忽忽躯体缠病魔
分分文文费无需
精精中西藏医全
随随就诊圣地欢

乐乐深夏唤宴客
茵茵绿地似璁玉
艳艳鲜花各相争
妙妙蜂歌圣地欢

茂茂树荫低下凉
老老少少各散心
珍珍美肴茶酒餐
人人享乐圣地欢

曼曼歌舞藏戏剧
轻轻乐曲极婉转
丽丽影视引心儿
多多消遣圣地欢

爸爸妈妈众年迈
少少儿女相携搀
专专神情看戏演
个个笑颜圣地欢

宽宽城市四周围
沃沃土壤良田地
垂垂青苗翻波浪
甸甸五谷圣地欢

高高群山环前后
白白牛羊满遍地
年年四季奶不断
香香乳海圣地欢

久久千年相传承
种种民族手工业

细细雨后如春笋
统统复燃圣地欢

好好共产党领导
速速拉萨奔向前
行行业业换面貌
一一难诉圣地欢

短短三十余年里
高高西藏翻天地
次次念起党政策
人人众乐圣地欢

每每功绩虽可见
仅仅如此民不满
即即尽力奋图强
渐渐飞驰圣地欢

紧紧团结如同胞
绰绰财富堆如山
尚尚文明极昌盛
新新西藏圣地欢

鼎鼎名流协灵帕
悲悲异国思故里
萦萦作拉萨恋歌
拙拙吾作非他般

欣欣向荣拉萨城
陶陶富足为昌荣
实实着眼享美景
欢欢成此圣地歌

魏志远

大西北，是雄性的

当铁色的苍鹰在广袤的旷野
傲慢而从容地盘旋之后
箭一般地射向苍穹，
大漠便回荡着金属的声音
天山的喉结高高突起
啸一支雄浑的《大风歌》
马队掠过，驼队掠过
天边任何一帧剪影
都不会使人产生联想：它属于女性

大西北，是雄性的
没有柔弱，只有亢奋
赤日，活跃着雄性的激素
清月，也带着青铜的光晕
土著者本来是骏马的家族
那些告别柳烟的历史
也都在阳关交付了最后的儿女泪
演进着一条男儿的征程
即使悲愤，也如高原虎的嘶啸

没有第二副这样的胸脯

包容千江万河的源头

没有第二张这样的画屏

纳进雄奇的千山万岭

盐湖的的咸味，碱滩的苦味

都被漠风搅拌成汗血马的气息

死海的鱼鳍演变成红柳

苦难的牧鞭拔节成塔松

高高挺立着男性的坚劲

用马头做琴，用马尾做拂尘

用狼皮做睡垫，用鹿血壮精英

有的是马革裹尸的正史

有的是马踏飞燕的逸闻

死了，也在坟头

挂一弯铁青色的牛角

高高地挑着不死的灵魂

大西北哟，男儿的疆土！

读不懂《芙蓉女儿诔》

装不下屡屡《断肠集》

而每一种版本的《铁流》和《天马》

都有鹰声凌厉的共鸣

那位女性（是冯嫽吗？）

出关也有了将才之风

男儿没有了男儿的血性

大西北将鄙你如轻尘

杨建中

心中的歌

家乡的草滩多么宽广，
美丽的花朵遍洒芳香。
爱情的花儿最为诱人，
勤劳的勇士才能摘上。

雪山下碧蓝的海子边，
有个卓玛姑娘。
每当我路过这儿，
总要情不自禁地歌唱。

歌声随风飘荡，
飞进她的帐房。
她提着奶桶走进帐篷，
还把门儿轻轻关上。

"唉！关上吧，姑娘。"
我还是要继续歌唱。
歌唱美丽的晚霞，
寄托心中的希望。

卓玛走来背水，
好像孔雀飞翔。
正要急步上前，
她却走得匆忙。

夜幕遮去绚丽的彩霞，
月亮倾泻银色的光芒。
晚风吹动湖水，
也吹动我惆怅的波浪。

眺望帐房的灯火，
真想问问姑娘：
"何时才能听懂我的恋歌，
何时才理解我的衷肠！"

我带着失望和忧愁，
牵着马走回篷帐。
把情歌的双翅剪断，
深深地藏在心房……

邦锦花又开满草原，
春水又在小河流淌。
我从城里开会归来，
乡亲们都把我夸奖。

说我像只雄鹰，
展翅向"四化"飞翔。
会上献出的硕果，

已为公社争得荣光。

我又来到湖边，
向着帐房纵情高唱。
门儿轻轻地开了，
飞出一只金色的凤凰。

卓玛抱着一束鲜花，
含羞来到身旁。
歌声甜似甘泉，
淌过我的心房。

原来她爱雄鹰，
雄鹰不怕冰霜。
她呀不喜小鸟——
小鸟没有高飞的翅膀。

原来她爱骏马，
骏马不怕雾瘴。
当然不喜毛驴——
毛驴只爱自己的铃铛。

姑娘的歌声像和煦的春风，
掀起我感情的巨浪。
猛然我把她抱上骏马，
双双飞向金色的太阳。

拉萨情思

一

岁月，流水般地逝去，
在心上留下往昔的涛声。
青春虽是欲谢的红玫瑰，
却时常在甜甜的梦中温存。
谁也不能挽回，我也不悲叹
那曾经充满激情的晨昏。
我只是悄悄地对自己说：
对边疆这片绿色土地的爱，
已经结出累累硕果，在心中储存。

二

一把把绿伞，
撑开了，撑开了，
在路旁，在水边，在桥头，在屋前……
拉萨人的脸，像红红的月季花，
开放在千万把绿伞之间。
人们在伞下播种希望和爱情
描绘着高原迟来的春天。
拉萨，春天就是这样来临的吗？
我的心中也撑开了

充满春意的伞——

情思——柳丝，

柳丝——情思，

点缀着悬挂在心灵上的山水画卷。

阎振中

拉萨河之歌

拉萨河，一条神奇的河，
您热情而奔放，深沉而壮阔。
您从雪山脚下的涓涓细泉涌出，
像一条飞龙从云海天湖中降落。
您吸吮着雪山的奶头长大，
险峻的峡谷造就您雄伟的气魄。
您流传着多少美丽动人的故事，
孕育着多少神奇古老的传说……

我是那样地爱您，拉萨河，
因为我有着与您同样的命运和性格。
幼年的时候，我曾在您怀抱里拍打浪花，
我的摇篮是河面飞跨的溜索；
年轻的时候，我划着牛皮船在浪峰飞行，
我的骏马是一泻千里的浪波。
每当我掬起一捧飞溅的浪花，
就像娇儿牵动阿妈的裙角。

我曾沿着河道去寻找幸福，
找到的只有带血的铁镣和绳索。

自从河水映满了五星红旗，
两岸绽开了五颜六色的花朵。
看着，看着，千百载没有见过，
河畔沙滩燃起了焚契的烈火；
听着，听着，千百载没有听过，
布谷鸟第一次歌唱着公社的春播。

如今，金色的公路顺沿着银色的河道，
欢腾的浪花追逐着飞驰的汽车。
拉萨大桥给您扎上彩色的腰带，
纳金电站为您镶上了珍珠万颗。
输电线串连起两岸的乡镇，
防护林遮掩着繁华的城郭。
气象雷达用慧眼观测满天的风云，
水文标尺用妙手抚摸着水流的脉搏。

可是，您并不留恋拉萨古城新貌，
也不满足两岸如花似锦的建设。
高原的河流自有更高的理想，
要流得更远，为人类造福更多……
你宽阔的胸怀隐伏着潜在的力量，
深沉的洪流聚集着时代的电火。
你用整个河道弯曲成一把强弓，
将"四化"的飞船在这里向太空发射！

啊，神奇的拉萨河，
您以磅礴的气势从世界屋脊流过。
我的诗歌驰骋在波涛的峰顶，

我的激情化作洪流的浪沫。
您是祖国琴盘上一根动听的琴弦，
您是中华民族躯体的一根脉搏。
让我用浪花织成一条洁白的哈达，
请珠穆朗玛捧过头顶，献给伟大的祖国！

普布次仁

我的第一首诗

我的童年没有欢笑只有忧伤，
不识文字，只认得领主的牛羊。
字母、书本像佩着金鞍的烈马，
全都拴在老爷们的槽上。
那时我曾天真地幻想：
将来我也要跨马到诗文的田园上。

战友啊！
而今我的确是跃马抖缰；
祖国啊！
我的心在诗的原野上飞翔；
我此刻的心情哟，
像翻身时赤脚踏上马镫那样！

我的诗歌啊，
每个字都像格桑梅朵美丽芬芳；
是毛主席扶我跨上这神奇的骏马，
藏汉文都像被我驯服的战马一样。
今天我跨马采集汉文牡丹、藏语格桑，
精心编织着献给祖国的诗章。

我的诗歌啊，

每行都要像雨季的藏布江那样激荡；

是新社会给了我满腔的激情，

党给我插上诗歌的翅膀。

明天，我将在诗的天空中飞翔，

让翻身农奴的心随"四化"梅朵怒放！

祖国啊，

我把第一首诗歌献给您，

在您诞生三十周年的早上。

草 青

七月的情诗

七月的草原
　　像无边的翡翠一般，
丰盈饱满的绿
　　慷慨地流遍了
　　　　藏布江的河谷和草滩。
去吧，我的朋友，
　　我的爱——
让我们同骑着
　　一匹白得神圣的骏马，
在这大自然铺展的彩毯
　　抒情般地
留下如花的蹄点……

再不须抛洒
　　苦涩的泪水，浇润
　　　　旧岁枯黄的草尖。
飘散的叶屑
　　唱完了它悲鸣的歌，
……严酷的残冰
　　已消融在萌芽的春天。

我们的爱属于七月
　　属于七月的
　　　草的蓬勃和花的烂漫，
属于七月后的永远。

朋友，且让我们
　　像这江河般深沉地奔流，
　　草原般尽情地伸展，
无力的歌，苍白的诗
　　都将死亡，
　　像那黑夜吐出的迷雾，
　　　在活泼泼的清晨——
　　　　阳光的照射下消散。
啊，只有掺进那
　　绿草芳香的呼吸，
只有揉进那
　　江水执着的呼吸，
我在这无语的幸福中
　　颤颤扎起的
　　　野丁香的花环，
才会使此刻留下的记忆，
在九月、冬月、腊月
　　永远新鲜……

春天，在草原上……

风雪呼啸……
草原的寒夜，
在黑色的牛毛帐篷外，
瑟缩……颤抖。
一只冻伤的小羊羔，
却静静地、静静地
躺在牧女的袍兜。
年轻的牧羊女，
偎着蒙式火炉的火苗，
守在一架崭新的收音机旁，
——那里，
"责任制"的电讯，
是寒冷冻不住的
　春风的韵调！
于是，牧女火热的胸脯，
像春天的草原，
缓缓地、缓缓地
温暖着白茸茸的小羔；
她把深藏在童年记忆中的
　阿妈唱给她的摇篮曲，
轻轻地、轻轻地
吟唱——
从夜晚，到拂晓……

拂晓了！

受伤的小羔
同复苏的春天一起醒来，
从牧羊女和牧人们的怀抱
向着草原欢跳、欢跳！
而从牧村里吐出的和平的炊烟，
就是那盼望春天、
　　　孕育春天、
　　　喂养春天的人们
从心中绽放的宽舒的微笑……

拂晓了。年轻的牧羊女
微合着疲惫的双眼，
一滴感激春风和太阳的泪，
在她那长长的睫毛上，
宝石般地闪耀、闪耀……

高 平

西藏素描

茂密的森林，
是你美丽的刘海儿；
喜马拉雅，
是你高大的身材；
碧蓝的湖水，
是你含情的眼睛；
无边的牧场，
是你宽广的胸怀。
你从领主的皮鞭下
一跃而起；
又从极左的枷锁下
迈向未来；
风浪的喧嚣，
反而放大了你的笑声；
暗礁化为钥匙，
倒把你的智慧之门
　全部打开。

写在拉萨的剧场里

看舞蹈

双脚像骏马疾驰，
双臂像雄鹰展翅，
动作毫不费力，
就搬来了西藏的天地。

诗是文字的舞蹈，
舞蹈是动作的诗；
它们越是浓缩，
越能流传不息。

看女声表演唱

从歌曲的声浪里，
我看到了羊卓雍湖的涟漪；
从摆动的彩裙上，
我看到了在湖边洗脸的仙女。

仙女在幕中隐去，
歌声也已经消失；
在西藏到处欢唱的，
是翻身农奴的女儿。

杨从彪

给山理发

千里荒山，披头散发，
皱纹似的深沟流着飞沙。

痛苦，在你布满野草的脸上呻吟，
风雪，在你乱石累累的头上称霸。

我说呀，殷殷抽泣的荒山，
快坐好，让我给你理理发。

咱开动推土机的巨剪，
把你满头的乱发剪下。

用石头填平你凄楚的皱纹，
使你古老的面容青春焕发。

请你来一次痛快的大汗浴吧，
把几千年的污垢彻底冲刷。

青稞苗变成你绿油油的青丝，
果树林是你绚丽的衣褂。

日月星辰为你佩起灿烂的明珠，
多情的白云给你披上柔曼的轻纱。

东风里，青丝化作一垂千里的金发，
咱用收割机给你再一次理发……

一支美丽的情歌

色齐拉山静静地卧着，
倾听一支美丽的情歌；
雅鲁藏布缓缓地流着，
流着一个古老的传说：
英俊的藏族青年次旦，
漂亮的门巴姑娘阿罗，
他们用无尽的情丝啊，
织出民族团结的花朵。

色齐拉山上的百灵，
最爱听阿罗的歌声，
一旦她金喉亮嗓，
百灵就飞出森林。
珊瑚草原上的喜鹊，
听得懂次旦的心音，
一旦他吐露真情，

喜鹊就飞传情信。

次旦对着彩云唱：
"你像一只美丽的凤凰，
金翼扇起了金风，
金风带来了吉祥。"
阿罗对着大江唱：
"你像一只雪白的绵羊，
银毛荡起了银风，
银风带来了安康。"

"山上的嫩草绿油油，
金鹿看见不想走；
江里的水草嫩悠悠，
鱼儿见了不想游。"
"山上的嫩草披锦绣，
专把金鹿来等候；
江里的水草密又厚，
专把鱼儿来等候。"

"我看见多好的彩霞，
我碰上多美的邦锦花，
可惜因为江水阻隔，
无法把它摘回家。"
"彩霞是晨空的耳环，
邦锦花是草原的首饰，
耳环献给高飞的雄鹰，
首饰献给矫健的骏马。"

"我的心是太阳铸的，
我的眼睛是月亮洗的。"
次旦说完便拉响弓箭，
一只金戒指飞过河去。
"我的血是阳光烧红的，
我的思想是月光照亮的。"
阿罗摘束苇白花　包进哈达，
用箭射过江作为回赠礼。

江上的乌朵打着旋转，
情人心里泛起层层波澜。
智慧的闸门顿时打开，
歌声交换着心中的语言：
"阿罗拉，办法已有了，
我要把天桥架在江上面。"
"次旦拉，妙计开花了，
我要把彩虹架在江上面。"

两岸人民在箭尾紧系绳索，
箭射江心，互相搅和。
阿罗和次旦把绳拉过江去，
天桥和彩虹同时降落。
两个民族的心哟花正红，
一对青年的爱情结了果，
长了翅膀的故事飞传人间，
从此天桥遍布高原山河。

金色的太阳融化了雪山，
银色的月亮驱逐了黑暗。
雪山下种满藏族的青稞，
枣红马驮着它走进乐园。
珊瑚草原开着门巴族的鲜花，
大白马驮着它香飘云端。
一支美好的情歌流传千载，
两个友好的民族血肉相连……

刘连进

唱给冬天的歌

我尽情地放开歌喉，
唱出爱冬的每个音符：
你不像阳春那样绚丽多彩，
也不如金秋那样令人注目。
没有繁花点缀，
不要辞藻修饰。
你的美是内在的呵，
胸中时刻酝酿着春的乐谱。

雪盖的草原尽管一度赤贫，
然而，嫩绿
却在你的襁褓里一天天复苏，
——多像一个蹒跚学步的孩童，
正挣脱乳母的双手。

你目送着勇者踏上征途，
又呼唤着冬眠的懒汉、懦夫：
快起来吧！
迎春的诗行早已开好了头……

我站在唐古拉山上

我站在唐古拉山上
用一簇簇洁白的雪花
揩擦锈蚀的灵魂
找到了坚不可摧的生活支点
破天而立的峰巅
支撑起崛起的形象
和古海洋遥远的梦
我冷却的心复活了
复活在顶天立地的威严里
绽放出一枝嫩绿

历史曾张开有力的翅膀
飞翔在如海的苍山
翅翼滑下的愚昧
风雪养育的贫困
摧残过耸入云霄的唐古拉山啊

然而，它的志气
并没有被窒息
春，不是被唤醒了么
沉默，不是被唤醒了么
六千米高的雪峰不是被唤醒了么

朝气又回到衰竭的心田
奶香甜醉了浑圆的落日

笛声的海洋
淹没了最后一次长叹

呵！我站在巍峨的唐古拉山上
找到了坚不可摧的生活支点

魏 克

故乡情深

一

树高千丈，叶落归根

河水万条，终入海洋

任你走遍天涯海角

年逾花甲更加怀念故乡

我的故乡在哪里

山东，还是西藏

我自己竟做不出抉择

谁能替我回答得适当

妹妹来信说

回家来吧

扫扫北山上父母亲的墓

同亲友故里叙叙家常

会会当年的老师同学

看看离别多年的故乡

……

是啊

我头脑里常掀起思念的波浪

家乡的泉水最甜

大明湖的鱼米最香

乡亲们的音容笑貌最亲切

谁不夸泉城的好风光

……

藏族朋友来信说

回西藏来吧

你在高原上生活的时间又久

你在西藏跑的地方又广

你的藏族朋友又多

你了解汉藏团结的历史又详

回来吧

看看西藏山河的新变化

看看又一批藏族小学生的成长

看看民主改革后的公社

看看蹲过点的错那边防

过过拉萨的林卡节

洗洗羊八井的温泉澡堂

……

是啊

我心中沸腾着缅怀的激荡

进军岁月走过的雪山冰河

艰苦日子修起的城镇学堂

藏族阿妈送来浓浓的酥油茶

战友新摘的蜜桃喷鼻地香

……

真使我犯了踌躇

难为我费尽思量

我的家乡究竟在哪里

山东，还是西藏

二

我反复又作比较
我前后再行衡量
在山东
母亲一滴滴奶汁把我哺育
父亲一天天抚养我成长
哥哥带我去看姥姥
姐姐灯下替我缝衣裳
老师一笔笔教我学认字
同学们的友谊情更长
故土的山水把我养大
家乡的父老给了我知识和力量
十七年的漫长岁月啊
这骨肉乡情永生难忘

在西藏
当年进军
徒步横断山脉五千里
"不吃地方"
挥锄拉萨西郊垦沙荒
世界屋脊上铺过康藏路
高原情愫
唐古拉山下修过飞机场
民主改革
汗渍雅鲁藏布江中水

自卫反击
血染喜马拉雅山上雪
啊，更难忘
年年藏历新年
痛饮阿妈打的酥油茶
回回雪顿佳节
笑尝阿爸送的酸奶浆
七千三百个日日夜夜呀
藏汉骨肉深情怎能忘

三

思来想去
反复衡量
我的故乡在哪里
最好的答案是
在山东
在西藏
在伟大祖国的
九百六十万平方公里的土地上
在过去的年代里
我虽然在您的怀抱里生活
学习、工作、劳动和战斗
在今天祖国的"四化"建设中
我也决不甘愿休息静养
我要用晚年的岁月
赞颂故乡给我留下的美好记忆
我要用毕生的心血
为故乡的"四化"建设献出全部力量

黎焕颐

拉萨的阳光

山，蜂涌而来，
并不剽悍，但却奇突。

云，丝丝出岫，
显得凝重，并不飘忽。

一夜的潇潇细雨，
洗净满城街树。
山城在阳光下，静静地
享受世界屋脊最长的日光浴。

我真没有想到，
拉萨的阳光如此富庶。
于是，沿着拉萨河两岸，
沿着雅鲁藏布江的峡谷，
我的诗，走向帐篷，
走向低矮的农户，
走向士兵，走向工人，走向干部……

该有多么好，无须多做切片，

纯朴的语言，黝黑的皮肤，
坦露着每个人的精神世界——
一片又一片干净而肥沃的泥土。
并且，经过紫外线的消毒，
复苏的信念，正和青稞
正和踢踏舞，在同时成熟……
这时，我才恍然有悟，
拉萨富有的阳光是来自何处？！

孔祥富

年青的格啦

来了。匆匆的
坚定有力的步伐
踏着预备铃的清脆
草原的清新
和未来世界的召唤
你从历史的衰老的边缘
——走过来

雪，在耳边温柔地絮语
洒在蓄过长长英雄发的头上
赤热的胸膛应着风的起伏
卷涌着波拉的波拉
在冬窝子做过的
一个又一个神奇的梦
而那金丝镶嵌的藏靴啊
伴随你踏破雪山的险恶
草原的苍茫
生活的原始和蒙昧
同着古老而又年青的民族
走过来

走过来……

携着信心和智慧
你登上教室的讲台
我认识了你——
在马背上繁衍的民族的后裔
——年青的格啦
民族的希望

当你轻轻地拿起
一支细小雪白的粉笔
黑板上雪花似的洒下一串文字
——精神文明与物质文明……
此时此刻啊
你想到了什么?

李双焰

无人区，我吟着诗走向你

我的眼帘里为什么滚动着泪珠？
我的诗行里为什么凝结着忧虑？
啊，无人区！我沉浸在蓝色梦里
我生存在棕色现实的土地。

在我的心灵里，也有过
　　广袤的"无人区"。
空旷、荒凉、贫瘠……
没有碧绿的草，没有盛开的花，
　　也没有潺流的溪。
没有叹惋地悔，没有深沉地思，
　　也没有美好地忆。
然而，阿爸给我严厉的规训，
　　阿妈给我温馨的乳汁。
于是，我探索、追求、开拓……
用灵与血将爱的嫩芽精心培植，
　　无论风吹雨打，
　　无论雷轰电击。
嫩芽终于抽枝发叶，
绿荫里挂着果实——诗！

我和诗逃出了

　　缥缈和空虚，

紧倚在阿妈的怀里，

傲立于古朴的土地。

可是，我的无人区啊，

你为什么还是这样

　　空旷、荒凉、贫瘠……

难道你真是时代的弃子？

难道你真是大地的废墟？

你用轻纱般的薄雾，

　　抹除我脸上的泪。

你用恋人般的温暖，

　　酝酿我心中的诗。

噢，我的有着记忆和憧憬的大地。

你应该有牧村。我是牧村的一员，

　　而我的诗，就是牧村的装置；

你应该有牧场。我是牧场的小草，

　　而我的诗，就是牧场的小溪；

你应该有果林。我是果林的小鸟，

　　而我的诗，就是鸟儿的欢啼；

你应该有街市。我是街市的路基，

　　而我的诗，就是街市的砾石；

你应该有天葬台。为死去的贫困，

　　也为诞生的富裕；

你应该有广场。为我，为诗，为你，

　　也为所有的人有个欢庆的天地。

啊，无人区！我沉浸在蓝色梦里，
我生存在棕色现实的土地。
我吟着诗走向你，

      心扉里，镌刻着阿爸的规训，
      血液里，畅流着阿妈的乳汁。

草海子

草海子的冬夜没有月亮
只有兽嚎
草海子的秋末没有太阳
只有风啸。草海子是
大草原的补丁，缝补着
心碎的往事
深远的传奇
但生锈的年月养成草海子

沉默的个性
如老人
皱褶纵横则深沉稳健
有多思有遐想，盼望
春雨，盼望
喧啸……
猎手枪口前炸响的火光

是太阳。清泉中牧女荡漾的脸庞
是月亮。把胸膛献给骑手
献给骏马献给剽悍的血流

午夜
连梦也是寒冷的
有残暴有血搏，遥想
篝火，遥想
古歌……
既龟裂既棕黄既封冻
也将翩翩憧憬。把胸膛
献给男人献给女人献给
粗野的温柔的爱
一个流血的黄昏，我
走进古铜色的草海子

梅道宏

八角街抒情

通往八角街的公路，

像一条金色的扁担。

一头挑着辛勤，

一头担着豪兴。

不信吗？

问那澄黄的酥油，

香甜的苹果……

每一样都烫着汗珠和歌声的烙印。

通往八角街的公路，

像一架公正的天平。

一边称着给予，

一边量着收成。

不信吗？

看那明亮的眼睛，

黝黑的面孔……

笑纹里嵌着多少欢欣和深情。

通往八角街的公路，

像一条欢腾的江河。

淌着草原的兴旺，
流着田野的芳芬。
不信吗？
听那牧笛的悠扬，
果谐的昂奋……
初升的太阳正在耕耘者心空跃动。

伍金多吉

高原的风

从未有过这样的忧伤，
每走一步都要一曲自由的歌唱；
从未感到这样的乏累，
每一次呼吸都要靠体力的强壮。
我从寂静的梦中醒来，
无论如何不能悄然待在一旁。
我来到山谷的怀抱，
停歇一会儿那是空想！
走到无人注意的荒野，
我把柽柳的哨号吹响。
唱起孤苦伶仃的悲歌，
像羊粪蛋儿跳舞走向远方。
来到无边无际的边地，
夕阳落山如同扬起抛石索一样，
让黑白羊群在草原集拢，
赶进四四方方的羊圈中央。
茫茫无际的大海渗入地下，
旗幡的影子消失净光。
无数的大湖小塘，
同我一起同度荒凉。

想起远祖时代的大海，
那是另外一种景象，
经常走着戴铃的牦牛，
哞哞的叫声送向远方。
我和农田的谷穗开了个玩笑，
青稞的香味到处流放。
从藏北野牛角斗的问答，
学荒漠沙滩的开拓大仗，
清楚显出我难驯的本性，
我离开僻静的平川大地，
我来到原始森林的树乡，
从这个山头跳到那个山头，
从这个村庄飞到那个村庄，
发出愤怒的呼吼，
无不惊叹我的力量。
在高原圣地的山山水水，
都刻下我岁月的各种形象。
噢，我就是风，
我就是常驻高原的风！

阿妈　我在归来

1

冷飕飕的岁月之后
空荡荡的天际风雪弥漫

我，身裹黑黢黢的夜幕
头顶颤巍巍的星群
向阿妈的小石屋走来

阿妈　从这空气非常干燥的地方
我扬鞭追赶太阳到西方
我套住月亮拉牵到东方
思念的忧愁化作一只小鸦
飞到干黄的老树之梢
每天极目远眺风尘的彼岸
久久等待绿色盛夏的到来

2

几年前的一个早晨
我为了捕捉一个绿色的生命幻想
抛下故乡山沟里的阿妈
追逐远方的幻景
踏上了遥远的旅途

可信赖的一些老人传言
越过天边云朵的地方
就有我绿色的幻想
我虽积聚自身的一切力量
仍未能抵达天边的云朵
也未能目睹那绿色的幻想
一步一步地——
不断流失的岁月长河中

深藏在我心底阿妈的花种
展开了花瓣　露出了笑颜

3

孩童模糊的资本
在讲不完的故事中耗尽
青年的韶华
在走不尽的幻想途中流失
当华发盖满双鬓的时候
当皱纹侵占额头的时候
被人生欺骗的我
不再相信一切的一切
怀疑一切的一切
可是　唯有阿妈无瑕的情怀
在真实岁月长河中清明

4

阿妈　这异乡虽是盛夏之季
我的世界已被思愁的厚雪覆盖
阿妈　这他乡虽是永远一片寂静
我的梦已被忧愁的风吹走
雪，如此之大
风，如此之强
我在太阳斜向西边的一个傍晚
得知我的世界将与此天气一样
我把自己的灵魂裹包在一朵白云中

早已捎给了一群飞向南方的天鹅
阿妈　是否收到我的灵魂

5

扔弃缠绕手脚的零碎物
背起沉甸甸的思愁担子
阿妈　我在归来
朝着山坡上的那道灯光
我正在归来
那道微弱的灯光
在那黑漆漆的夜色中
如此明亮　多么像我的阿妈

6

那山径右边的岩石间
猫头鹰在鸣叫
那山径右边的低谷里
潺潺溪水在流淌
大概　今晚在此条山径中穿行的
唯有我与我的心灵

阿妈　我在这细长的小道上
与心灵一道急急地归来

7

阿妈　你头上是否还是黝黑的发蝉
阿妈　你腿上的风湿是否还在折磨你
你是否还会把我当成一个孩童
你仍生活着我无不欢喜

8

阿妈　我在归来
从我出走的那天早上起
那些强盗一步步逼近了我
渐渐抢走了我的宝贵年华
此刻　我是一个流浪乞讨者
我只有一具挤压在生活缝隙中的残骸
和酸溜溜的不长不短的故事　还有
被思愁捶打得伤痕累累的心
除此之外　一无所有　阿妈

9

阿妈　开门吧
我在归来
我向这石屋迈出第一步起
我阴暗的周围升照出一线光亮
我冰冷的心中升起了一丝温暖
但　一种祈盼与一种担心在碰撞
这颗心　如雄鹰一般盘旋

这条腿　如独脚鬼一般忙碌
几滴汗珠从两边腮颊滴下

木门开了
"谁？"
"阿妈　是我
我回来了"
黑暗在门框里躲闪
我　看见了
布满皱纹的阿妈的容颜

蓝晓辉

西部随想（组诗）

向 西

不是一切都遗忘在家里了
不是
马背套是胀鼓鼓的
吻和孩子扬起的手
缄默目光碰落的星星
祝福、信念、爱情……
都装进了马背套
向西，我知道
西部草原
飓风刮走了一切温情的树
留下乌鸦坚硬的翅膀
站在裸岩岛屿上的鹰
凶残地注视着粗糙的地平线
寺庙流浪到远方去了
教义盖着遮羞布离开
因此
一切都没有遗忘在家里
马背套是胀鼓鼓的

西部草原

西部草原
只有你是无边无际的
无论裸岩上带血的鹰爪
还是湖面漂浮的纤细的泡沫
无论山的微笑的牙齿
还是浸泡在绿色里的旷野
都是亲切的
只有你能包容我的艰辛与愁苦
幸福与欢乐
我是记得的
你以寒风和冰凌
四面都是路的原野
和我交谈
摇动原野上我的脚步
抚摸一下我土地一样的皮肤吧
像抚摸你摇篮里的孩子
看一看我的湖水一样激荡的目光吧
像望你头顶夜晚闪烁的星空
西部草原
只有无边无际的

远　方

湖水抛弃了永久的面纱
大幕只在远方垂挂

太阳、山峦

静静的

原野、湖沼

相望着

以脉脉的眼睛交谈

都闭上了诚实的嘴巴

静静的

这片土地

只听见湖畔

我的脚步沙沙……

让我也来参加你们的交谈吧

我带来远方诚实的眼睛

如果我流下了眼泪

请能理解

这是我寻找的生活的晶体

过麦拉山口

七月，冰层下藏着涓涓细流

蜥蜴爬动着

使所有的裸岩生动起来

耐寒的小花像哲人

召引一步一趋的热情

我要到雪山那边去

结束那旷野的泥泞里

长久的思索

这不是安慰

过了这个山口就有
绿色的季风了
就有原野里舞动着的帐篷了
就有对于艰难环境里的骄傲了

吴 夫

小女孩的心事

她整日地看山
非常非常希望
那里能走出她的父亲

可是天黑了
没有人来满足她的愿望

柿子树挂起了灯笼的时候
一个陌生的汉子出现了
母亲偷偷擦把脸
给他点长烟袋
小女孩藏在妈妈身后
看到他胸前的扣子丢了

小女孩不相信她没有父亲
别人骂她小野猫
她咬着牙说
我找个威风的爸爸气死你们

她激动地望着陌生汉子

他从山上回来
抹一把胡楂儿上的汗水
她跑去拿毛巾
总是不敢递过去

每天
小女孩蹲在墙角
用小手细心地
擦他那把沾泥的大镢头
她一直盼着
沉默的汉子能注意她

他终于扭过头
默默望了小女孩一眼
她全身直颤
两滴泪水涌出眼窝
那夜没能睡着
她决定
天明喊他一声爸爸

她爬起来
那个男人远去了

她恨妈妈不叫醒她
从此
她谁都不理睬
只是整日地看那山

致北大荒友人

你是潇潇洒洒的黑色旷莽
拱出的一株樟子松
在枝头招展大北方
招展大北方如乌苏里船歌
于白山黑水间墨蓝的飞扬

但你不孤独
即使白色莽原的围困可以使狼群的嗥叫如猩红的飙风
即使黑绿沼泽的蜃气可以吞去雁阵鹿群和一万座不再奔涌
狂吼的虎头山
篝火和雪林还会无休止地轰动大甸子
男子汉的热气豪气傲气酒气
还会摇荡远方的林海、撞击雪峰
你有你的七星泡镇
你有你的低陋草堂
这就可以让胡须在北大荒潇洒如丛林
这就有资格让你的女人繁殖无数个村庄

此时，也许你嘴角正燃烧着烟草
在爬犁上和兄弟豪饮，袒露紫红的胸膛
你说你老婆死了小儿子死了但不要紧
你还有黑土地七星河草垡子土屋
站起来的子孙依然是一片片白桦林是一片片最雄奇的风光
天黑了，夜风如垂直的栅栏使你跌跌撞撞
你的兄弟们早已在鼾声中变成沉睡的山峦

沼泽地苇丛里哈喇喇传来裂冰的脆响

啸叫的小镇之夜在你身后

你喘一口粗气、扬扬手臂像要向天空猛击一掌

然后再走向你的七星泡，暗红的七星泡

使你想起父亲在你诞生时

在荒原追逐猛兽的那一声枪响

蔡晓冬

波姆措

谁都不知道
你还是处女时的名字

那是一个沐浴节的晚上
他毁灭了你　在湖边
后来他问你是从哪来的
你却望着那个湖
泪流满面
于是他就娶了你
于是他就叫你波姆措

从那以后的每个沐浴节
你都到这毁灭了你的岸边
投一个石子到水里
在你投第三颗石子的时候
你的雀斑成了他的骄傲

见过你的人都说
你从来不会笑
现在你躺在要了你命的

儿子身边　笑了
并且不再改变
人们都说你并不漂亮
但现在却发现你很美很美

羊卓雍湖此时很静很静
为你升起的那缕蓝烟
笔直　经幡并没有
被人们祈求的目光掀动

他送他的爱情到湖水里
安息　他没有流泪
他说你喜欢这个湖
他说你的黑发会长成
一丛柔柔的水草
后来听人们说
他们看见一只无影的手
把你的名字写在了
……湖水上……

惟 夫

意 象

我没有头发

我故而想着头发

我没有女人

我故而想到女人

头发是一种意象

女人是另外的一种

我卧于这一切之外

我把脚伸向前面

意象故而很美

我多情地走过去

我的影像无限膨胀

所有的树与我无关

它们将欲望藏于冬季

而斜阳一次性射过去

它们都很激动

如血如河如圣婴

我最终看到这些

我把脚缩回原处

我的眼睛空如时光

相对的一种意象

迷 宫

我想象过去

我经历过去

我从荒原走来

旁边有一只幼狮

我伸出左腿

时间出现一次

我伸出右腿

时间消失一次

事情往往如此

事情的确如此

我路过一座城市

那儿住着另一只幼狮

我朝它走去

城市便无影无踪

我伸出左腿

我的右腿在等待幼狮

我想象过去

我不经历过去

事情往往如此

事情的确如此

萧蒂岩

羌塘的明珠
——那曲镇抒情

那曲镇，你十字形的干道
连着小巷，像一张巨大的蛛网
我的心神网在这里
东突西闯，好不易走上山脊
回头一望，脚掌
触动了一汪岁月的波浪……

那是大脑的皱纹啊，怎能忘记
当一个秋季，初次见到你
你就用那劈头盖脑的冰雹
生喇喇打得我灵魂出窍
你的性格是这样地神奇
使我战兢兢地爱不能已……

多少年后的初夏我又来了
你却为我展示着少女的微笑
乳山边的鲜嫩蘑菇
奶液里的金色活鱼
还有细茸茸的连天芳草

招来落地雷将我的诗情引爆……

今儿正值仲春，我再来探路
一场大雪锁住了爱飞的尘土
那浓烈的接风酒浇透了黄昏
我不禁兜住了几粒流星
天外的声音也如泣如诉
给你少妇的脸抹上了一层醉雾……

啊，那曲镇，你我都是故人
既然活着相见了，又何苦伤神
在你不平的路上摔过一跤
你忍着热泪将我搂进了怀抱
惨痛只不过历史的一瞬
我从不在心灵系上一丝怨恨……

撩开夜幕，我去把旧居寻找
啊，一间陋室长出过多少诗苗
虽然野火烧伤了它的灵气
但根子已扎入了河边的谷底
草原仍是一件反穿着的老羊皮袄
包裹着的却是你这个猫眼珍宝……

唐古拉背脊的神经在你脑海云集
你的活力启动一草一木的呼吸
交叉的大动脉从你心田输出营养
我血色的梦随你的脉冲出入雪乡
不死的老马又竖起了前蹄

骄傲的是你拥有最广阔的天地……

啊，这里的月儿比哪里的都亮
你真是一颗明珠缀在羌塘
黑河的水喝不黑你的心
黑河的水涂不黑你心上的人
一个人有多大能量供你发光
就有多大能量使心钟震响……

曾有情

黎明，我巡逻归来

把夜色揉成一团
用巡逻者的脚步踢到西半球去了
黎明扇动薄翼驮我归来，归来
夜里，我是警惕的特制大锁
挂在祖国的胸襟上
锁着不可逾越的边塞
把夜盗关在边防线的门外
（甚至，外域的流星
也休想逃入我们的国界）
黎明，我又是一把新型的剪刀
为刚出生的胖乎乎的今天剪彩
昨夜，我像小学生数数般
数过喜马拉雅古海的石片
像连长查铺似的
查过第三女神是否安眠
哨所把小路缩短、缩短
收回昨夜放出的风筝
我采来沾着露水的平安
制作祖国黎明的笑颜
祖国又摘下他满意的微笑

编一朵红花别在我的胸前

啊，我巡逻归来了
乘着晨曦的战马
藏家袅袅上升的炊烟
像条条倒流的瀑布
溅起酥油的芳甜
赶毛驴的车夫哼响 2/4 拍的轻松
车辙续写一部命运的自传
小学生嘴角滑落的拼音字母
被逗趣的小鸟衔上天空
远处，醒来的梦化成山岚
给珠峰戴一顶乳白的桂冠……
啊，这些都是我巡逻的脚印
在高原的稿纸上写下的诗篇啊
我发出太阳的红色信号弹
滚烫的心点燃东方的猎猎战旗
我站在雄鸡形土地的西南角
在世界屋脊上踮起脚尖
（我就是世界屋脊的屋脊啊）
把眺望的目光拧成长长的电话线
向着北京报告
祖国——昨夜平安

雪鸽子

无边无际的白羽毛迷乱你的眼
正午煮熟一股梦腻味儿的香雪雾
幽幻似早晨裙风下的迷你琴
把影子垫在臀下盘腿而坐
枪在双膝横一条乌黑的道路
你开始用雪捏鸽子

像上帝造人那么庄严
千姿百态的小精灵
通过你的手也千姿百态起来
在耳边垂下如甜雨的鸽哨
一个士兵在自己的作品里
感受香槟酒般的和平

雪域死去的时间里
没有运载过一双翅膀
你就让来自上天的冰冻物
以生命形象飞出先验的灵性
你捏的鸽子真神
你喂养这些毕加索创造的意义
使你职业的真正注释是养鸽人

你每天都向太阳投去一只雪鸽子
蓝天搏击它们的生命
飞到高处碎成纯净的阳光

飘飘洒洒抚爱你的肩头
像古朴的父亲教他的儿子出海
送他的闺女出嫁那样伫望久久
成熟的喜悦浸透深沉的年龄
你像相信自己的意志一般
相信鸽子会涉过国籍
如太阳的境界净化土地的烟尘
温柔整个世界

次 旺

河边的小村

年楚河边的那个小村
可还是昔日模样
田野上一片绿郁郁
犹如碧波荡漾的湖泊
农户藏房似漂浮在湖面上
那土墙，那有些圮歪的土墙
贴膏药似的贴满牛粪饼

年楚河边的那个小村
是我生活过的地方
我们曾沿着土路去田野
她拿出家里寄来的饼干
我拿出母亲捎来的烙饼
啊，我知青的生活
我当年的伙伴
让我怎能忘怀

招生消息传到山村
农民们推荐我去报考
当我告别了山村

社员们送我起程
马车走了好远好远
他们还站在那儿
啊，抚爱过我的农民
让我怎能忘怀

去年望果节的时辰
我去小村拜望亲人
村头一辆私人卡车
正在运送参加节日的农民
当年和我说农民命苦的人
如今的日子呀，美得
像盛开的邦锦梅朵一样
啊，年楚河边的小村
当我毕业后再拜望你时
你定会装束一新
迎你从远方归来的大学生

邻 居

夕阳中晃来一个身影
粗黑的脸膛
刻满了岩缝般的皱纹
纹沟里盛满了纯朴的笑
每当收工回家

递一碗热乎乎的酥油茶给我
这就是我的邻居

他蹲在墙角
不停地抽着鼻烟
深夜伴我回家
他拿着手电筒

几口之家的食衣
老伴长年久病
一切，他默默承担
冬天穿一件空套氆氇袍
却硬给穿棉衣的我
端来一个火盆

我病了，发高烧
他守我几个日夜
当我醒来时
他眼里挂满了血丝
泪在我颊上淌
他伸出粗黑的手
给我轻轻擦去
这深情的擦
触到了我的心灵

当我辞别的那天
他屋里一夜亮着油灯
第二天他瞪着红红的眼睛

手提一串牛粪火里烤的饼
送我到车前
车子已开好远
他还依然站在路边

我想念的邻居
岩石般的脸
钢铁般的手脚
玉石般的心灵
在我心目中
他是我慈祥的父亲
他是勤劳、纯朴的
藏族农民的缩影

索南加

酥油茶的故事

每当异乡淡淡的夜网
捆住妈妈浓浓的乡愁时
她就用滚烫的乡音
给我和星星讲起
酥油茶的故事

那时，我未曾亲尝的乡味
就走出遥远的故事
从妈妈迷茫的双眸中溢出
喷着酥油和糌粑的气息
渗进我稚嫩的血管里
把一颗冰凉的童心温热

长大了
那个古老的故事
像妈妈的乌发一样
被流泪的时空
越冲越淡了
可我生长的乡思
却像故事中的酥油茶一样

在我发育的心里
越熬越浓了
后来，妈妈走了
匆匆地到一个没有颜色的地方
去了
只留下这个熟稔的故事
从此，孤独的心
在这个多味的世界里
辨闻着——
一个喝着酥油茶的民族

啊，异乡的夜这么干燥
我真想喝一碗故乡的酥油茶
把这渴裂的乡愁润湿

詹仕华

哨所·风雨迷蒙

山鹧鸪唤一天雨雾
苍莽的喜马拉雅群山
迷迷蒙蒙

山坡归于平静
林莽间没有了拼杀的声音
漫山的脚窝汪满了水流
野草的绿剑和
哨兵一起挺立
我们的哨所，在山口的风雨中
挂一把巍然的巨锁
紧锁风雨中的边地

激烈鏖战后的木枪
得意地伸展着身躯
教练手榴弹，自豪地
在兵器室歇息
我们趁机转换训练场地
俱乐部、阅览室，我们
用知识丰富智勇

把喜马拉雅铁壁高砌
让九百六十万平方公里
高速公路尽情铺展
幢幢楼房安详地耸立
丰产的稻谷、麦粒
向金秋报到
农家小院鸡鸣鹅走
平添安宁生活的乐趣
……

认真地履行着卫兵的职责
在喜马拉雅群峰，时时
护卫边境的神圣，朝朝
庄严地撑起祖国
灿烂的晨曦

蔡椿芳

高原铁路断想

冲沟。横断山脉。冻土层
桥梁。隧洞。厚叠枕木
当高原人的手
缓缓伸出钢轨的时候
一条铅黑的消息，开始
在世界的版图上骄傲书写

高原人是顽强而骄傲的
每个人都用脚印
夯实路基和记载自己的故事
每个人都愿意是钢轨和枕木

……然而钢轨的延伸是缓慢的
车轮在山那边的城市
焦急等待
滑坡。塌方。泥石流
常常毁灭图纸的幻想
但高原人坚信铁锤和钢钎的力量
坚信一代代的开拓
——因为一代代高原人

就像一截截钢轨般

延伸的希望啊

冰坝看守人

他满耳都是一种声音

风的声音

在冷月照耀下的冰谷里

他的听觉

就追踪着这种声音

直至冰谷尽头——消失——

而寂静

也就这样

从冰谷尽头如烟如雾地

漫……过……来……

这时，又大又圆的月亮

静止在冰山巨大的斜坡上

他正好站在

冰坝一块巨大的岩石前

寂静如烟如雾

从岩石的花纹里，神秘地

反卷过来

如烟如雾

如冰冷干燥的月光

再次淹没了他的听觉

——他这才发现

冰山一块又一块巨大的

三角形空白

并不简单

（就这样

他与这条岩石和冰组成的大坝对视

已经三十多年了）

三十多年。满山满谷的石头

从来都不曾说话

从来

这条冰坝也只是沉默

（他的小石屋，也像坟墓一样

只是沉默）

而他

一直独自与这条冰坝交谈

已经三十多年了

——就这样

他对冰谷的声音

特别敏感

（而别人的声音

都是在层层冰山层层冰山那边啊

别人都那么远

冰谷

就是地理书上说的那个

"生命禁区"和"永冻层"）

……

有一天

他突然想起用骨节凸现的手指

敲了敲自己的脑袋

胸脯

以及身体的各个关节

竟然听到了

一种石头与石头碰撞的声音

或者冰块与冰块碰撞的声音

他就古怪地

笑了笑

说

"我的皮肤里垒满了冰和石头呀"

这时，他还看见了

另一双搁在冰坝黛青色岩石上的

手

也渐渐变得模糊

以至他再也分不清楚

哪是岩石

哪是手

加央西热

斗　牛

我和不相识的一个牧童
在咆哮着流泻的河的两岸
挥动着各自巨雷花牧鞭
缓缓地聚合起两群牛
仿佛两团乌云触在一起
吼声像巨雷齐鸣
草原在雄壮的冲锋声中震荡
种牛　像百战百胜的将领
傲慢地起草着生死文书

出征了　我的野牛群之冠
依然迈着它稳重的方步
肩负着全群牦牛的期望和
河东千牛之将的尊严
河西的牛群里一头白尾花种牛
径直地向野牛群之冠走来
在它若无其事的眼神里
充满了对敌方的蔑视和必胜的信心
它们的角尖一碰便闪烁出火星
熏味和烟气冲荡着草原的空气

胸脯和脖颈划出了鲜血
白尾花牛向对方的眼睛猛烈地冲刺
我的野牛群之冠只有招架之力
于是我默默地合起手掌
佛爷请保佑它取得胜利
同时乘那牧童不注意的瞬间
我狠狠地击了白尾花牛一石头
在人牛两面的夹击下花牛败下阵来
而我的野牛群之冠还是冠军
它举起蓬松的尾巴
　　向众牛致意

我得意地从那牧童面前走过
见他眼眶里溢满了泪花

月　下

把一天的劳累和粘在背脊上的
糌粑口袋一同丢在发黄的帐篷里
凉爽的夜风吹拂着他们的脸颊
月亮看到这两排腼腆的男女青年
笑得像爱情一样甜蜜温顺
含情绵绵的歌声伴随舒缓的舞步
带着人生的沉重和青茶般浓烈的情意
一个旁观者的少年之心

就在这歌舞的花园里发芽

散场了　舞步转为漫步
絮语着未来的草原和生活
这下该是我们的天地了
这起伏不平的草原呵
是特为我们设计的舞场
这嵌在天幕上的星星呵
是特为我们准备的舞台灯光
草原一切的一切都在更新
——为我们一代新秀的出场

就在那天晚上我们排成男女两行
刚刚感觉到最初的性别之分
一种幼稚的羞涩缠住我们的舞步

诺杰·洛桑嘉措

牧 歌

啊，牧歌……

我的——
　　马背上的摇篮曲
　　萌芽在草原的爱
我的——
　　蓝天，白云和彩霞
　　星星、月亮和太阳

旋律——
　　质朴的山岩般的
　　野性粗犷的壮美
音调——
　　晶莹的涌泉般的
　　铿锵高亢的奔放

铭刻着古老的神话
布达拉闪光的金顶
红旗下草原的新生
和那条漫长的道路

——生命的历程
像牧场纵横的小溪
交织着痛苦和欢悦

啊，牧歌……

草原人的生命之歌
生存与死亡的拼搏
进步与落后的较量
使无望者充满信心
使怯懦者变得刚强……

你是牧人深沉的爱
滋润着贫瘠的草原
是璀璨夺目的明珠
闪烁着一个民族的
勤劳勇敢智慧之光

啊，牧歌……

古老而年轻的歌呵
群山以浑厚的和声
把被草原风撕裂的
震颤、破碎的音符
顽强地汇合到一起
牧人金色的希望哟
在奔涌的雪野激荡
向广阔的宇宙升腾

牧 女

顶着迷蒙的雪雾
和旷野的风
你，又踏上那条小路
那条熟悉而陌生
短促而漫长的
牧场上弯曲的小路

你
披着映红天际的朝霞走去
告别蒙眬欲睡的夕阳归来
从牧场那条小路
多少次风雪冰凌
多少度春夏秋冬
你，在这静静的草原
陪伴着你那些无言的伙伴
把单调寂寞和汗水
以及你的圣洁的爱
默默地
献给可爱的草原

岁月
像奔突的山泉
小鹿般蹦跳着来到草原
又像清清的小河
悄悄地从草原离去

生活把沉重的艰辛

——深深地、深深地

镌刻在你的额头

也赐予你纯真的善良

豪放的性格

和像草原一样坦荡的胸怀

少了些女子的柔弱

添了些汉子的强悍

那因沉寂而沉寂的

憨厚的双唇

以粗犷有力的线条

勾勒出力量和骄傲

那双风沙永不能玷污的

清澈明亮的眼睛

使我想起渴盼春风的小草

是怎样在寒冻的窒息中倔强地伸展

牧羊女啊

不就因了你

和你父老兄弟姐妹们

像撒满草原的牧歌一样

把痛苦、欢乐、希望、理想

和平淡的短暂的一生

铺在贫瘠而广阔的草原

和牧场那条小路

才有了如此壮美的河山

才有了如此博大和统一的民族

和她屹立于世界之林的

伟岸身影

小路
牧场那条弯曲的小路
告诉我
草原上每一朵鲜花
都是她　一个牧羊女
美丽青春的闪光
小路
牧场那条弯曲的小路
告诉我——
沿着我走吧
我是光明灿烂的明天

贺 中

群山之中

我住在群山之中，住在
河流的身旁
一百零八盏酥油灯飘进眼际
其上是一百零八座寺庙桑烟密布
我的女人，就住在山那边
一百零八个辫子闪烁光彩
一百零八颗松石浸透光明
（大鸟钻出丰饶的云层
灵动地旋转：它呈显巨大的阴影
超过了眼睛触及的事物）

看来，我必须牵上秋季原野中的白马
用经幡和玛尼石
垒挂美丽的烟火
我必须倒下青稞酒
必须在一生中念完圣路上的珠子
必须朝向一百零八座神山
朝向一百零八个海子
香巴拉，你绰约的姿态
是否把目光捏成石块

大鸟钻出丰饶的云层

灵动地旋转：它呈显巨大的阴影

超过了眼睛触及的事物

想起日喀则的春天，想起喜马拉雅

他们都没有看见：你安详地走过街道

把头搁在高处，认真地体会

我想起日喀则的春天，一种

心情悄然而临，这让我奇怪

这就像我的两只小鸟，拖着蓝色的身体

从上飞到下，已经没有树枝可供它们栖息了

有一段日子，我躺向荒漠

喜马拉雅山脉的谷地一片宁静

等一位姑娘来到；那儿的水实在令人留恋

一群羊，和一个会唱歌的牧人

从中午开始，就目不转睛地观察我

我重新躺好，我伸展思维，能听到昆虫行走的声音

草地啊——大片的阳光下，雪峰闪着银色

我知道我返回了，悠悠的风笛掠拂耳际

时间被流放到了山的另一面

我们的车队被放在了时间的另一面

微凉的风中，芬芳的味道开始弥漫

我看见他们走远，他们古怪的神情无法猜测

我的狗正用力望着落日尽头，我顷刻

睡入了一只羚羊：这是下午八时三十七分零三秒
我梦见日喀则的春天正漫长，高处的
头颅一无所顾：两只蓝鸟飞越了天空
赴约的人还未到达，我只是
把触角伸入大地，留下一大堆清脆的余响

刘 萱

西藏三章

当巨佛与荒漠照耀宇宙，
牛角湖吹响了你的魂灵，
你和神话一起活着，一起歌唱……

一

雪山从海底升腾，
草原遇到三趾马，
百条绳子拴住天上的星星。
下面是海子，雪峰飘上云霄，
加林山上格萨尔的古战场和羊皮风袋。
冬天十一二月的时候，花儿和草原真的要分别吗？
天边的白云是羊群，近处的黑眼圈是野牦牛。
太古代，元古代，洪水期，冰川期，彩虹般的
纽扣，锁住了你一望无际自己的世界。
人的右边是神，荒凉的西边是雍仲。
山石从阴阳深处起风，草坡站在细石器的月
色里，牛角湖吹响了你的魂灵。
……

　　　　　　　——遥望雪域高原

二

荒芜，冰川。
达果雪山下，当惹圣湖一万年后，风还在以
祖先的姿势坐在那里。

如赭色通透的山岩一样，洞穴里沉淀了多少世的睡眠？

告别森林，长角羚才能在云中跃动！
当寒冷不再感到寒冷，美无处不在。

在远古索瓦日巴①的哲学里，凝望星空的青
稞、神山圣湖，时轮制的纪年法与金星……

当巨佛与荒漠照耀宇宙。
……

　　　　　　　　　　　　——聆听藏文化

三

草原的寒冷涨潮的时候，你的眼睛里，难道不是苦难与
洪荒的时代？

远古的山洞成为世界的酒杯，你将寒风一饮
而尽。赶在祈诵之前，沿着早期神话照亮的
草原，向白云深处进发，前面还有一百颗星

---

① 藏医藏药。

星的雪山。

你和神话一起活着，一起歌唱。
"这些歌儿最动听，这些歌儿最长久"
……

    ——走进高原人

拉萨河的诉说

有多少

水鸟描绘的歌声

让古远年代的疼痛

在昨夜的冰雪中流淌

有多少

寂寥的月光

在牛粪火绵延的泪水里

浸泡出

一轮又一轮

温暖的太阳

有多少

圣洁的遐想

在对大地的眷恋中苏醒

两岸清澈的云朵

匆匆离去

挥别无数沐浴节夜晚

盛开的星光

和那寒冷梦中

柔软的凝望

……

陈人杰

山海间

　　己亥秋，余到藏东八宿县叶巴驻村。天路蜿蜒，怒江如练。遥想钱塘时光、藏北羌塘援藏的七年岁月，深感沧海桑田，时代变迁。露珠于小村安放两地精魂，诗以记之。

一

村寨安放在高原深处
冰雪之光
像时代对高原的又一次提问
流水撞击山涧
也冲刷向身体的痼疾
激情从中枢探寻山脉的走向
所到之处，经络舒通
LED 灯为酥油灯照不到的黑暗而揪心
并试图喊醒沉睡的石头
让苟且、贫病、慵懒无处藏身

二

何曾想过，从钱塘江

到怒江源

川藏线串来潮声的恍惚

一路上，被格桑花摇晃的心

寻找神性的源头

乱石惊涛，茶马古道

雪山流云辨认原生态的静谧

想象力的钙骨

溯洄古老家族的来路

月亮啜饮天堂的雪水

又像一张旧唱片

在七十二拐

吊来白云的行囊和峡谷谣曲

波澜三江，爱恨横断

所有的颠簸由肠胃收拾

一缕藏 A 车牌的清幽蓝光

村庄，如雪上的标点

呼应远方

三

叶巴村，亲爱的骨肉

找到你，需要一个被黄叶安排的秋天

也需要贯穿周身的血管

牵动一颗正在撞击的心脏

人生过半

已没有一朵云，或一缕风

可以用来暗示。但太平洋、印度洋

一如既往地，接纳

万里高原的馈赠与汹涌

长江，湄公河，羌塘草原的丹心

奔赴不同的海岸。而我来了

万水归宗，又通过

指间风雨，携回洋底渊流

在江河、雪山、一颗泪珠里

放上深邃的眼眸

是母系的秘密牵引我这朵东海浪花

是浪花与雪花的感应

蕴含着天地的循环、香息

把苦辛化作乳汁的甜蜜

四

炊烟萦眸，经幡飘忽

布果雪山像莲蕊吻你在手心

露珠指点小草

万物重新命名

空气里

保留着狼和野猫散发的味道

离群的小羊咩咩叫着

像是粗心的神把它遗忘在这里

天路高莽

总有荆棘、鸟鸣

把我送回童年星辰的旷野

一时，光影交错，母语喑哑

红珊瑚托来欢笑

雪域母亲古海倩影

我爱她们，仿佛
被时间过滤的人又被爱打湿
我将成为其中的一员
又不能只说出生活的盐
直至一头牦牛喊我乳名
乡风乡俗里
怒江翻译那曲雪浪
村委会的招牌像黎明的山脊
殷红的张大人花落籍南海
夕阳的余晖洒在业拉山那边
影子的鸟疾驰过祖辈的家园

五

黄昏早早来到山谷
星星的蜂巢在滴蜜

异域的风忽略了你身居何方
绵延的岁月，抽丝剥茧
在虫鸣中感知
累世支配生活的气息

有时，为一只屋檐下筑巢的鸟所惑
它仿佛带着
从未谋面的身世之谜

一个人的生命线到底有多长
从杭州到西藏

乃至根本无法预知的村落

从碧海到雪域、浪花到雪花

后现代到文明倩影

呼风唤雨到藏地风情

于高冷、孤绝、自省中

一次次拓宽内心的精神疆域

所幸祖国够大

够有情人相识相拥

天意够美好

够你我流泪，引颈回望

在分飞天涯中

声声镌刻花草的书简

仿佛故乡和他乡

一半在九霄高悬，一半在体内下沉

以我为虹，架起两个天堂之间的对话

神性和苦难，都在用闪电划开诗行

六

而生活另一面

充电器在一旁发呆，冷视着

天空的插座接通闪电

千里之外的故事情节在虚拟地迂回

蜡烛照明了旧棉袄

荷尔蒙从功能抽走

在失眠中蚕食着夜的残渣

幻觉和你同剪西窗

当影子被高原冻住

寒冷，是生命的一次淬火

小屋在寒潮里安卧

雪花献出真实的脸孔

没有一次内分泌不自带凛冽

——凿冰取水，借灶做饭

牛羊肉冷藏在山洞

巴掌大的猪肉吃半年

门从窗户进出

分家，分出了撕裂、疼痛

孩子辍学，树叶嚼泡泡糖

人生的第一堂课程

学会了用白石灰抹伤口

牧歌嘹亮，通讯基本靠喊

冠心病、痛风

自由地支配着生前死后

虽说日日诵经

苦难继续爱的教育

玛吉阿米和仓央嘉措仍被慈悲遗忘

——藏梨花像雪，又一个春天

断肢上的血结出了痂

明月降临，缕缕精魂

不放过每一处郁结的肺腑

七

哦，我在无限地靠近

又怕未能真正地抵达

凌乱荒野里的灵魂图谱
交织着一颗牛羊的心

我的卑微是所有人的，葳蕤也是
当洁白的哈达，为我盘托酥油奶茶
沉甸甸的嘱托里
我是客，又是汉藏之和
唐蕃古道运送家国的重量
铁马冰河穿越血管和史诗
鹰隼不需要履历，而我不能
只有冷漠是贫穷的角落
和日渐荒废的家园
帐篷花开在孩子放学路上
幼儿园，仿佛一颗天上的小心脏
欢笑加上鸟鸣就是黎明

八

门开了，门的接纳
糌粑用细小的粉末安慰
脚下的黏土用黄金沉淀
张大人花，重新确认香殒的意义
亲人没有走远
我仍是故乡的鞋
当路窘迫于思路
小村便缱绻着贫穷的逻辑
草场是牛羊的，也是露珠的
没有牧民是天外来客

更没有凭空想象的天堂

沟壑造就沟壑

野花迂回于视野的峭壁

它的绚烂，与谁的散漫、穷愁

构成了彼岸时光

当我眺望

死亡率为死亡作注

规则注定被不规则消化

在这中间

哽咽，和寄托无以名状

九

鸟啄开高空

洗洁精洗着干净的日子

门前植菊，屋后栽柳

暖棚种满江南

陶公三径连接林卡锅庄

忘了冬天的人

不是因为忘了寒冷

易地搬迁、生态补贴、国家兜底

像一场场细雨

飘洒你的房前屋后

多少情丝，原来饱含汁液

每一块瓦片

分明被嵌入了爱的节奏

点滴时光从海拔的光影落下

月亮搬进了新居

能源提升大地上的雨水
电视塔、水塔追逐国家的云烟
随处可见，雪域愚公
在蔚蓝湖绿间
用安全帽和青稞饼面
将苹果扣在啤酒杯上
苦乐的滋味与苍蝇、蚂蚁分享

十

我得到的比给予的更多
每一朵雪花都刻着你的名字
世界屋脊的瓦片
像闪亮的鳞游在幸福里
阒寂之时，方言嗓子里打嗝
黑夜用琴弦虚拟生活
天际线吸纳水源和月光
渡口，倾其一生，守望边界
又是圆月，所有的残缺都已被修补
生命，就是无法计数的爱又回到一

十一

人在哪儿，根即在哪里
移动的树
也能扎出冰川纪另一片星空
枯枝，为了明天的树林更加葱郁
纵使缄默如树皮

142

新鲜果实也要送到饥饿者手中

一层层脱发，如同吹向雪域的叶片

因为曾经有所依托

栖息着啾鸣和世代的巢窠

十二

天空高于一切

落日轮回的预兆

青铜的光在原野飘忽

积雪并不为流逝而存在

纵使一半结冰，一半日暮途穷

我也要沉思永恒的时间性，以及

乡村振兴所带来的历史回声

这是青藏高原的再一次崛起

特提斯古海抬高浩荡苦旅

无处不在的鞭子燃烧火焰

最高的飞翔献给彩虹，星月同天

海岸线将所有的雄浑、深远、蔚蓝加在一起

把高原的根部、露珠、魂魄连在一起

我所看见的，皆为可以凭依的家园

古老民族的呐喊激荡远方的云彩

与妻书

一

在高处，所得的月光更多
却无一缕送你
请原谅，这白银的皎洁
由风雪炼制，让你承受凋零

在高处，思念靠月光救赎
月亮只有天空一个家
你依傍着
为我漫游的影子所伤

二

西风起了，高原白了
一夜间，思念的萧瑟闪着寒露
枝干光秃，血管不需要叶子来证明自己
我的愁疾用不着遮蔽

作别，无数难以分拣的散笺
没有一棵树俯下身来
挺立的骨头连接远方

而落叶飘来了游子
像沉默的大多数

容忍着永不相见的两面
既不选择离开又不选择留下
隐忍的锋刃在岁月里枯卷

三

窗外不停变幻着雨水
分开的光线
仿佛在滑向另外的事物
没有什么能让一切再来一遍
并让生活重新辨认雨点的方向

此时，爱和痛
像千里之外咬血的嘴唇
婚纱屏住呼吸
一个为诗歌牵着头颅的男人
被并不诗意的领带揪住了心

转眼，初生的儿子在襁褓啼哭
可怜的奶嘴独对虚空
他还太小，不知道什么叫远行
但我们一样被渺小安慰
贴着他，像一枚梦幻的纽扣
帮我们穿上记忆中的暖红

无论如何，风轻云淡
父爱不懂细节
针线在最需要暖的时候

缝了一场雪
补丁，无法弥补的肚兜
无休止地缱绻、悔恨
悲痛的蓝，早晨吁请黄昏宽恕

仿佛骨肉里爱情的炼金术
熔化了海角天涯，你说：
"放心，我们的孩子
我照顾好，白云上的孩子
你轻轻擦去忧伤……"

四

噢，我一直不知道有另外的旅车
另外的颠簸。在那里
甚或到老，我用掉了一位女子
一生的光阴
和需要三十四省市版图来安慰的心

哦，我终于知道
生活并非想象
一边是儿女背着书包
一边是滚烫的留言
两条平行线通往远方
而我不在其中
像一条分叉的铁轨
在无限地靠近你中
扑向了永远不知未来的高地

泪光和战栗，注定陪伴着余生
小草埋没来时的小径。如今
这家的门槛
像一座山分割着阴阳昏晓
走过的同一道路，沿着不同的尽头
仿佛不到苍穹边际不知回头是岸

只有落单的雏鹰获得了另外的知识
只有岁月借助那嘴唇——
"你看，儿子又长高了
他的年龄，恰是你在藏的年轮。"

五

这夜莺的倾诉
借倾听者的内心敲出笨拙的音符

当乐曲左倾，太阳西斜
爱的课程刚刚备完一半

并非为了挣脱被锁的命运
而是你的嘱托
需要月亮作为偏旁

从此，冥冥之中自有安排
舍家进藏，分飞各天涯
残缺之美，维纳斯的断臂留在了布达拉

六

啊，风把我吹向世界之巅
生活，则冲向事件深处
但那时，只是想一双手捧来星辰
尚不明白高处的汹涌，和它
无边、沉缓的心

一切都要重新开始
我跌回到自己结构的深渊
天空洁净、高远
内心却布满锈迹
阳光晃荡，闪闪的刀片
切割着我，以及陌生的城市

想飞的肉体，和灵魂
再次出现争吵
有你在身边
至少可以握手、拥抱
从对方的呼吸里
取回丢失已久的暖意
让黄昏响亮，骨骼变得年轻

如今，我只能从留有你长发的床单上
想象你的体温，以及雅鲁藏布
像蛇一样滑着鳞片的波浪
呢喃声又注入嘴唇
身姿远去了，爱情并没有消逝

直到奔赴天边，都在你肌肤的边疆
窒息的山河容忍着一次次心碎

七

在所有的命运中
我感恩和你相遇
虽然转眼被高山大川所隔

在所有煎熬中
我感恩相知的煎熬
纵使天空缺了一角
爱仍在彼此心间

在所有的回忆中
我感恩走向人生胜境的回忆
仿佛一只燕子，把家安在天上
带着流云、风暴、天湖的倒影
和暗示，越来越轻
不曾飞进晏元献的婉约小令
却飞进了我的诗行，来到体内栖息
将分离当作拥抱

八

因为你的牵引
折翅的风筝被赋予了飞翔的意义
即使等来雪山白头

谷粒一样的少年，仍在梦中
用一缕缕斜向故土的温存

因为你抛向红尘的光环
一生的蜡烛
只为你流出光阴的滋味
即使香殒，也要用
一道道远去的光锻造哭泣的美人

因为你撕开我的闪电
一片羽毛越飞越高
从此，雪域是碧海的帆
雪花在浪花里浮沉
西去东归，永远在你的航线上
我递给你的清单
像北斗七星，用金勺开销岁月

九

当我回眸
你绰约在芙蓉峰的窈窕
明月如水，流不到西子湖
今夜，我与谁同眠

多少年了，夜
被露水所湿。远方近在眼前
缺氧被缺失代替
边境线画着同心圆

恍惚中，珠穆朗玛
有一把家的银钥
打开那皎洁、清莹、宁静的欢乐
以及天宇的魂魄

十

苦涩是时间的旷野
暮色沉入牛郎织女的暮年
看不见的银河水隔开了人间繁星
我曾经打开的心，再次合拢

群鸥起伏
把呼唤编成含混的音乐
对于人世的悲欢离合
它们不需要知道得更多

十一

爱是什么？耳鬓厮磨
还是牺牲取义？玻璃台板下
压了半生的旧照片没能给出答案
它避开了灰尘
但躲不过时光的击打
钟摆在白天黑夜间穿行
一只鸟滑过虚空
它是否摸到过天堂的门？

存在就是被选择
我选择了你，即选择使徒、远方
仿佛这一生都在苍穹下，听——
水声无垠地与岸融合
温柔之物将那山脊轻轻锁住

只剩下你给我的香息
无任何花朵可以替代
你降临的弧线
整个天空呈现古海的蓝
只剩下蔚蓝色的肺腑
吹送鹰笛，保留着浪花，一遍遍重新开始

丁 勇

雪后登巴村

碧空如洗

朵朵白云似浪花飞奔

太阳灿烂夺目

照耀在东达山顶

山顶上白雪似银粉

光芒四射

让人睁不开眼睛

棵棵树下雪洁如玉

松柏挺拔

山色更翠青

连曲东流去

水声潺潺

妙如黄鹂声

柳树婷婷

柳枝鹅黄嫩

雪的微凉柳丝的清新

随风而来

丝绸般吹拂着我的身

安居房上

杆杆五星红旗

高高飘扬在蓝天白云下

雪后的登巴村

不见灰尘

青山蓝天飘白云

恰似刚出浴的美人

祝福高原

清晨

我把最动听的语言

寄托给太阳

祝福高原上的人们

生活幸福安康

中午

我把最真挚的情感

寄托给白云

祝福高原上的人们

生活和谐宁静

傍晚

我把最美妙的歌曲

寄托给河流

祝福高原上的人们

生活快乐无忧

深夜

我把最美丽的诗篇

寄托给星星

祝福高原上的人们

生活充满温馨

我的祝福

超越了时空界限

阳光在重复着

一缕又一缕

云儿在重复着

一卷又卷

风儿在重复着

一遍又一遍

星星在重复着

一点又一点

我的祝福

是春风里绽放的花蕾

芳香四溢无际无边

盛开在万里高原

白 拉

羊羔花

雨水柔软的光芒

洒落在仲夏的胸膛上

羊羔花盛开之后

当羊羔可爱的咩叫声

唤醒一夜的睡梦时

在广袤无垠的大地

盛开的羊羔花般的心绪

只有歌声才能表达

空旷的草地上

灵魂摇动的一切

离自己很近

连接在奶钩一端的

优美的挤奶曲

点燃了昨日和今天的故事

罗布旺堆

拉萨　我向你走近

不敢说　爱你
即使对你的感觉　最亲
总是捧着那颗　虔诚的心
向你走近

夜幕下所有的迷茫
都被阳光透明
爱你
在你的目光里　我怕我会逃离
每片云朵
都会遮住一方天地
沉思在你的怀抱
灵魂便不再四处游离

多少名人墨客　一见你
爱得死去活来
却止步于　缺氧的世界
有些人　待上几年
四处走走
以为将你了解透

不敢说　爱你
身　在红尘里
一直捧着一颗　善良的心
向你走近

爱的春风

站在很远
很远的地方
还是那样
羞涩地微笑
你伸出的
都是温暖的手
抚醒沉睡的每个枝头

站在很远
很远的地方
整个世界都充满了
你的目光
你经过的
每一片田野
都露出繁星般的嫩苗

站在很近

很近的地方
迎接新年来到
梅花选择了
最后一次绽放
将雪花轻轻拥抱

站在很近
很近的地方
寻找第一个黎明的坐标
用世界上最亲最亲的声音
呼唤　爱
已随春风到来

白玛娜珍

夜 雨

一

晚风送来无数眼睛
在窗外沙沙摇晃
似乎盛满了雨
点点滴滴
又像游戏
把丰满的春季
变成膨胀的潮汐
于是夜呵
飘拂着黑色长发

二

白桦树叶闪闪烁烁
湿透的心尖朝向我
那是一种绿色的诱惑
温柔蔓延
悄悄舒展的气息
无边无际

滑行着不归的心

三

午夜是静谧的柔情
披着飘起的黑衣
轻轻笼罩你
走进苍茫的心
滴落的激情
消失回音
夜雨呵
穿梭不停

四

如果你是夜雨
也许真的
我该迎向你
虽然已过了花季
果实也埋在土里
我愿意捧着一颗淋漓的心
放弃每一种形式
只要雨
送给我一个清新的黎明

西藏，阳光透明

清凉的家园

阳光静静交织

碧蓝的湖泊仰在荒原

悬在香帕拉门前

犹如远古神话的泪滴

犹如我孤寂的眼睛

呵　西藏

裸着手臂的美男子

阳光的魂魄

每天　白云拥着山巅

那么宁静和深远

透明　金顶绽放在晨晖里

儿女们也将要失迷于深深的天宇

在遥远的山村呵

清泉汩汩流动

人们世世代代

品味着淡茶和土豆

五指绕出的糌粑

印满安然的笑纹

攥着不泯的童心

草滩上

牧人的笛声和风轻起

洗头的女子

露出雪白胸脯

荡碎一河明镜

彩色岩石迎向晴空万里

沉寂的大地无声无息

于是　茫茫雪海里

我们执着的祷语

也如羊儿的低吟

泪水却闪烁成一颗颗笑意

哪怕水流冻结

枯草遍野

也不用心

阻断世人的探寻

躺在阳光金泊般的光彩里

我们是冬日最惬意的风景

有美酒　有情歌

还有千万条冰清玉洁的河流

呵　我们是猕猴的子孙呵

是涌动的山群

是一汪汪咸味的回忆

谜一样涟漪在旅人的心底——

看西藏　阳光透明

子 嫣

呦呦鹿鸣

被人剪掉了花冠，翠绿端直的
躯干顶端疤痕刺目
看一眼，意识的手臂
就摸一下脖颈
满手的疼痛，和难以界定身份的尴尬

"我虽干了一些荒唐事
但从没有伤害过谁"
雄辩者的言辞
从一切缝隙迸出来
两种对立的意象争着
为自己验明正身

而我尚不知，如何为
丢了头衔的你命名
向日葵！向日葵！
一遍遍呼唤你旧名
失去果实的你
有理由堂堂正正地活着

天亮了，你倔强挺立的枝干
又长大了些
我心日益踏实
一念一行，陪你
重新打造属于自己的衣冠

黎明时分的拉萨城

卯时，月亮就闭上了夜的眼睛
辉煌灯光统领拉萨街头
安顿尘世的孤单。此刻时间
若清流，流过我身体

各色疲惫的车辆没身霓虹闪烁里
如暗流，睁大茫然双眼
无声地穿梭流泻，仿佛流浪的爱情
苦苦寻觅，黑与白的界线

勤劳者用直立行动表达
对生命的敬畏。失梦的人
一步一步穿透黑暗
敛藏起的翅翼下，透出微微光亮

天上宫阙布达拉，像一种召唤
五十分钟六千多步

我用步步坚定，消弭和你的距离
黯然神伤被甩出时空之外

六点四十分，雀儿准时发声
天光听到号令似的开始进军
卯时将尽，夜色魅影，用集体
退隐，迎接黎明的盛大降临

李素平

拉萨印象

阳光纯净得慈祥
摩挲布达拉宫的红墙
花园广场淹没在梦的海洋
拉鲁湿地吐故纳新
默默地用柔软的身躯
承载一座城市的过去

拉萨河唱着千年的歌
昼夜不停地用苦难的音符
点燃文明的烟火

立交桥在红山脚下穿梭
火车站在柳梧新区坐落
现代元素装点着古城生活
天空蓝得心醉
那是拉萨心灵的颜色
在雪原深处虔诚的涂抹

格桑花开的季节

下着雨的八月
高原的雪线下
格桑花意外凋谢
冰泪冲洗蒙尘的季节

初暖乍寒
也下雨，也积雪
阳光洒过湿润的草原
格桑花开，缺氧的空气中飘着诗意

格桑花开的原野
吸引头戴桂冠的诗神的注意
灵感翻越千山万水
在藏南河谷聚集

打开心扉
格桑花露出厚重的气息
痛苦中挣扎的音符
正是孕育爱的土地

行走在不倦的归途
寻觅人性的真谛
格桑花单薄的羽翼
悬挂着比导弹更为沉重的武器

格桑花开的芬芳

拉近世界的距离

铅华洗尽，天空浮现圣洁的美丽

寂寞的火焰被夏天的暴雨淋熄

留下冰凉的尸骸独自哭泣

一只高山的雪鹰

仍然翱翔在落英飘零的天际

敖 超

父亲的西藏

一座座山
托起仰望的珠穆拉玛
父亲的脊梁好比那山
托起高高的西藏在肩上
父亲的西藏
是他心中的太阳
用青春照亮了自己
照亮了我
也照亮了家乡那片小白杨

一条条河
汇成爱的雅鲁藏布
父亲的柔情就是那河
孕育高高的西藏在心上
父亲的西藏
是他一生的理想
用生命感动了岁月
感动了大地
也感动了母亲追随他到西藏

父亲的西藏是一首歌谣

父亲的西藏是一片霞光

父亲的西藏也是传奇

是他用一生来珍藏的谜

让你去猜

让我去想

父亲的西藏不在远方

那是高山上的雪莲

不在天上

在心上

天　音

春天里融化的冰雪

在草原上流淌

那潺潺的声音如此纯洁

像是天籁的声音落下来

落在大地的身上

触动了生命的脉搏

一个声音传来

让我们轻轻唱

我们一起对着天空飘动的云朵唱

我们一起对着山峰晶莹的白雪唱

我们一起对着草原美丽的花朵唱

我们一起对着爱的人儿唱

月光下美丽的花朵

在寂静中绽放

那舒展的声音如此空灵

像是天籁落下来

落在大地的身上

触动了心灵的脉搏

一个声音传来

让我们轻轻唱

我们一起对着天空飘动的云朵唱

我们一起对着山峰晶莹的白雪唱

我们一起对着草原美丽的花朵唱

我们一起对着爱的人儿唱

天籁徐徐地落下来

落在我们心上

和我们一起唱

史映红

纳木错

谁将一泓古老的传说
遗失在喜马拉雅之巅
谁将一泓遥远的心事
存放在珠穆朗玛的臂弯
谁用一颗冰清玉洁的心
千万年里
守望苍凉的雪山

纳木错
你的博大
包容了世间繁华
你的圣洁
洗去了世俗红尘
你的甘甜
润泽了人间冷暖
碧波千顷
遥指苍穹
水色潋滟
叩问雪山

心中的纳木错

你这位冰清玉洁的佳人

以苍穹的深邃　皓月的圣洁

大海的胸怀　蓝天的气度

荡漾在世人心田

沉默的骆驼刺

从一个节令开始

你就孤单地站在那里

身上落满了星辰和沙粒

远离繁华

与桀骜不驯的狂沙顽强拼搏

远离舒适

在飓风烈日下张扬青春

远离甘泉

自己用眼泪把自己浇灌

冷风的蹂躏　烈日的炙烤

沙粒的击打　干旱的洗礼

你并不在意

每一个枝丫写着豪放

每一片嫩叶写着不屈

每一根利刺讲述刚强

夜深人静

你静立在塞外的沙包上

坐在高原的石砾中

此时多像我的父亲

忍受苦难却从不吱声

受尽委屈却默默无闻

听　呼啸的狂风又起了

铺天盖地从你身上碾过

老风箱般沉重的声响

多像父亲劳作时的喘息

德 西

昌都，我站在异乡的门口看你

在花季来临的时候，

我翻越两座山两条河

敲开了您的门

那扇镶嵌了厚厚几层历史烟尘的门在我眼前重重打开

脸上还有未擦净的泪水

手上还有重重的行囊

心里还有些许的忐忑

就让我站在异乡的门口

静静地看您

卡若先民的遗址上是否

还枕着秦时的明月汉时的风

埋葬千年恐龙化石的山梁上

是否还抚有唐宋文明的光

那些卷裹漩涡的江水流淌的是中国千年文脉的波涛吧

米拉热巴阵阵鼓声从草原敲响回荡在山谷

弦子曼妙的弦音在熠熠生辉的盐田侵润

锅庄沉稳的脚步在躬身的瞬间流过岁月的缝隙

那些彩袖飞舞的身姿在翻飞的经幡中化成天边的彩虹

帘卷西风的身影在茶马古道的驼铃中渐渐清晰

我站在异乡的门口看您——昌都

看见您屈膝弓背蹒跚在农奴社会的荒原中

挣扎着想要摆脱那道道枷锁的桎梏

看见您如凤凰涅槃欲火重生的身影

我看见鲜艳的五星红旗第一次飘扬在藏东大地

看见您手捧哈达迎接菩萨兵走过曾经的古巷

向着更远的方向前进

毛主席的光辉照在达玛拉山上

康巴汉子爽朗的笑声在邦达草原回荡

我看见民主改革的波澜中一代代康巴儿女

向着太阳升起的地方勇往直前执着的背影

我看见达玛拉山上那万丈祥瑞的圣光普照在藏东大地

三江宝地响彻吉祥的螺号声

一颗明珠深深地镶嵌在藏东高原熠熠生辉

我站在异乡的门口看您——昌都

您是健壮如山的康巴汉子

您是柔情妖娆的康巴女人

撩拨世人走进您那片旷世神秘的圣地

继承您马背上不败的风格

那蓝天里展翅的雄鹰搏击长空

那一道道刻上康巴符号的烙印

在查木多历史边缘中吟咏在江边的白露中

那些河畔的玄幻终于在时间中定格凝为经典

一幅精美的唐卡一览无余从我眼前缓缓打开

不记得有多久了

我站在异乡的门口看您——昌都

陌生速去后的熟悉亲切

如痴如醉

我想我可以向您走去了

我的昌都您是祖国母亲最骄傲的一幅画卷

倚在您的怀里我不再是那个想家的异客了

我是一粒故乡的麦粒种在您富饶的三江流域

多年以后我一定会生根发芽开花

从此不离不弃

今天

请再次允许我倚在异乡的门口看您——我的昌都

琼 吉

茶 碗

木头做的茶碗，
是父亲最钟爱的宝贝，
它泛着陈旧的暗红色，
在花样繁多的茶具中，
毫不起眼。

从早到晚，
酥油茶浸润着它，
给它镀上了一层，
说不出的光泽，
茶碗内外布满奇怪的木纹，
古老而充满魔力！

不知过了多少世纪，
它从爷爷的手中传给父亲，
又从父亲的手中传给孩子，
每经过一个时期，
茶碗上就神秘地出现一种木纹，
当你凝神注视，
幻象中频频闪现

——曾经沧海！

现在父亲把它交给我，
当我恭敬地喝下第一杯酥油茶，
我不知道，
谜一样的木纹，
在它身上，
是否还会出现！！！

白玛央金

乡音的余绪

秋天是熟透的石头
顶着热辣的太阳
满封尘垢和语言的灯盏

无声中，山峰含入云絮
背后的村庄朗然显现
驿道和马帮是铜铃的牵累
伦巴，你是谁的死结

那一年，拂除田埂的皱壁
我是苜蓿叶上思想的光影
露水浮于草尖
我沉溺于牛眼中的柔润
几只蜻蜓又一次思春
野果中的白虫探究蜕变
多少弹弓比着天空
掖着善念
诚然，星辰堕入了野史
摘一朵，约一个来世
乡音的余绪是倏然远去的飞鸟

星火与时间

难以形容的，饱满的，轻快的
介于有形与无形之间的
时间啊，从不扭曲变形的甬道
一片叶足以证明你
缺乏谎言的力量

他的生命止于鼻息
止于至善的火焰
和唇齿流香的草原

他像优容的牧羊人
在广袤的大地上竖起脆弱的旗杆
行走，塑造，发现，埋葬
不具备犯上作乱的能力
勇往，遇见无数勇往的人

淡然，是活着的嫩绿
让苦中有了一丝甜蜜的星火
帆风中经久不衰的河流
许是一条，一片，一汪流徙的阳光

蒽清华

抒情的雪花

那是一次旅行么
那是一次梦游么
怎么突然间
无垠的洁白装饰了世界
还有我
不着一丝别的颜色
纯洁如我想你的心一尘不染

这是我童年的梦么
这是你描绘的世界么
怎么一转眼
将雪花的抒情表白得那么透彻
还有一世的繁华
也被晕染
朦胧如雪国里独伫的我

可惜很多年过去
我的世界不曾下很大的雪
由是
期待的漫天雪花

未能在我的笔尖过多地出现　渲染

今天

有雪花飘落

天地苍茫间

缓缓萦绕

心

不由得抖落疲倦

身

情不自禁地卸下繁忙

与雪花写一段抒情的文字

而那些轻轻落在我手心的

我与她相约

下一次　一定要来得彻底些

此夜轻轻

明月如盘

一片银白中

趁着家人熟睡

悄悄来到小区的林荫小径

幽深　朦胧　冷飕尽情演绎

徘徊之时

突然想象自己幻化成一潭清泉

叮咚流淌千年

温润无数过客
我不也是其中的一个么
这样想着
心如此夜　暖暖的

又想象自己是秋千
在苍穹画出一道丰盈的弧曲
无所谓激昂或优雅
无所谓洪亮或押韵
恰如此夜
轻轻浅浅

又想起有你的夜晚
是否也如此刻的我
让甜美占据所有忧伤的心房
你可知道
我每晚放飞的祝福
恰如此夜
深深浓浓

何 飞

仰望藏北

——献给曾经或现在战斗在藏北高原的战友们

必须用仰望的姿势
像仰望漫天繁星璀璨的光芒那样
去仰望藏北

仰望藏北，眼神抚过走过的脚步
空气比蝉翼更薄
同时抚过脚步经过的漫原野草
顺着根系阅读生命和灵魂的沉默对话
还要抚过被阳光亲吻的脸庞
在血红眼睛里倾听
高过白云的嘹亮歌唱　然后试着
去理解天空的湛蓝湖水的明澈
以及关于信仰和守望的坚定与执着
以及给予的幸福和付出的淡然

仰望藏北，必须加速心跳的节奏
以便和他们的心跳同步
再走进他们的梦里听他们讲述
关于生命的脆弱　离开的突然

以及与孤独依偎的岁月风霜

在伸手可触摸的高高天域

他们守护的土地寒冷

而血液温暖　每一个

晨昏交替的日夜　他们

将思念和梦想熊熊地燃烧

然后将胆怯和疼痛

深深埋葬

仰望藏北　仰望我曾经

打马走过的茫茫草原

在漫天飘扬的飞雪和牧歌里

将圣洁的灵魂

——问候

贴着悬崖行走的人们

——献给当年进藏的十八军

整个记忆都用黑白色调淡淡勾勒

粗糙无序的线条陈述着岁月过往

其中有一群人贴着悬崖行走

掘开险峻山崖千年冻土

让路一寸一寸向前延伸

让光一寸一寸向前照亮

借着被岁月磨蚀混浊斑驳的光线

仍可看清那些坚毅的脸
贴着悬崖行走的人们
脸庞清瘦目光炯炯
被高原风霜割裂的脸
刻着一路江河、雪原和关隘
那些抡起铁锤、钢钎砸向沉岩的手臂
砸碎一路陈规、枷锁和神话
用鲜红的血液铺开一路温暖

贴着悬崖行走的人们
在激流之上冰雪之下
和着罡风临渊而歌
他们沿途采集渴望、呐喊和热泪
一路洒下汗水播下种子和幸福
而今我在那些发黄的老照片里
看他们经悬崖掠过的翔痕
从一张张平静而激情的脸上　仍然
寻见他们的血液里流淌着
敢叫高原换新颜的果敢和坚强

张祖文

献给太阳（节选）

往事的眼睛

为了秋天
我把伤愁搁置在了夏夜
只为
自己酿就的往事
给岁月刻下了伤痕

我的心思
在地球的风景线上飘荡
眼睛里，一片荒芜
在燃烧整个世界
目光穿透指缝的间隙
覆盖了飞鸟的低吟
和昨天的面目全非

留驻的
是脚印追逐时光的
撞击
和翼翅在时空碾下的

印痕

心中的太阳

我站在年轮的边缘
偷看岁月
在岩石上刻下的记忆
想将风沙的痕迹
锻造成
鹰的翅膀

我的眼波，漫过
太阳的视线
将大地遍布的苍翠
塑造成灵魂的希冀

我的心里
浸染上山的绿意
我的脚上
阳光铸造了整个高原

突然，人们看到
草原上的孩子
正将先辈们的理想
捏成泥团
抛向，狂劲的风中
目标是太阳

英 雄

远去的巨人
从时间的牙缝里
拽出了千年的古诗
用诗的光芒
照亮了冰山的寒角

眼里攥着阳光的手
在将整个世界
仔细描绘
汗的河流，奔腾而下
印满了少女的笑靥

梦，也在黑夜里
被脚印所踝
鲜花在眼前
跟着身侧狂劲的风
在英雄的目光里，摇摆

历史将一个名字
缓缓刻在了岩面上
人们最后瞻仰的
却是岩石的光泽

英雄
原来就只是一个名词
它从来也没有

被时间所承认

旅　程

我对自己
诉说月亮的故事
月亮在偷笑
我看见了密西西比河
蜿蜒的长度

我的目光
从天涯前滑过
被风所肆虐
最后落脚于
草根的土壤

岩石的灵魂
生长出夏季的光芒
黑色的夜晚
一首黑色的歌谣
在蠢蠢欲动

我终于看到了
昼的微笑
从夜的伤口涌出
全是音符

田霁春

脱贫攻坚战役颂

博弈了几千年，我们仍旧，被贫困操纵
那些骨头缺钙的家族，我的兄弟姐妹，父老乡亲
一见面，他们的目光也很贫穷

有的人和贫困徒手厮杀，有的人和贫困青梅竹马
有的人用尽一生的气力
也剪不断贫困的脐带、甩不掉贫困的尾巴
叶子纷纷逃遁
为的是迎合秋天成熟的要义
有细密的枝杈，正手握残卷
茅檐草席上仅剩一件祖母的嫁衣
山风刮不走缺米少盐的日子
那些个捉襟见肘的艰难日子啊，一度潮湿
就连长在门前的树木总也挺不直腰杆！

荒凉是可以传染的，疾病
精神的荒芜犹甚
时间搅拌着沙尘，在风暴的旋涡
滚动，吞噬着人们的意志和抵抗力
衣食之忧更是覆盖不住的，天大的漏洞！

脱贫攻坚，国家早在"十二五"就已布局
举一国之力，让全社会出击
吹响集结号，驻村干部们纷纷下沉基层抢占高地
有的人举着火把和爱的力量匍匐前行
有的人把青春的答卷写在遥远的乡村
有的人担当起清除那几户乡亲们
房前屋后贫病的残余。战事正酣
有人怀揣军令状为之付出心血，甚至生命
有人把脱贫的论文写在抽穗的田间
写在诗意的牧场，写在广阔的土地

这是不亚于任何一场改革的战役
而我们的敌人，却是
盘踞在雄鸡版图上"贫穷"这两个赫然在目的大字
当全社会都伸出手帮着他们扶起犁铧
铲除杂草的根部，我相信希望已深深扎根
是的，我们的敌人不会轻易缴械，退出阵地
前线正调兵遣将，脱贫的大军压境
攻城拔寨，一个民族数十年的秣马厉兵
即将走完攻克贫困的又一个长征！

爱心正在包围走得缓慢的脚步
爱心已经包围了中国的乡村城镇
那些流泪的河流
把常年的呜咽谱成咆哮的新曲，放声歌咏
将夜，盛满苦涩的器皿酿出了酱香的曲酒
满屋子一缕绕梁的醉意、春日的清新

当蝴蝶蜻蜓和蜜蜂，在花间优雅地轻蹑

当具有王者血统的鹰，因应了云霄之上的神性

它们，无非是在美学的锦帐下聒噪地放纵

青藤之上，黎明破开，东方翻开一页挂历

更像一张脱贫攻坚的作战图

此刻，小康路上挽手并肩的人们

多了金灿灿的笑容，从眉间抵达内心

定位并撬动贫困，讨伐继而歼灭贫困

英雄在倾听胜利的召唤

中国也终将打赢这场波澜壮阔的

脱贫攻坚的战役

小康赋予家园一个明快的标志

请不要忘记磨难的记忆，图腾

是撑起无畏的顶梁柱

请不要丢失战斗的勇气，这是崇高的战斗

五千年祖先的血涌，几代人的追问

那些青铜翻卷的肌肤，能否融入时代的晨风？

他们苍白的脸上已焕发红润

他们外露的脚趾已穿上新履

他们的头颅已与祖国母亲同频共振！

脱贫之魂在于精准

无论你是脱贫干部还是贫困户

我们每个人仿佛都完成了又一次投胎

或者一场盛大的灵魂洗礼

我邀你在楼上看我家乡风景

那些个村落，那些个田园

静水之上有清澈的光，盈满全部的幸福

这就是中国的表情！

这该是中国的表情！

精准脱贫彰显大业兴盛

万道朝霞纷呈，国运在螺旋式地上升

脱贫路上充满了盛放的暖意

小康社会进入倒计时。阵地上

飘着不倒的红旗，脱贫终成

季风穿过山脊，大海涌来又一波潮汐

倾耳听，整座山头都在欢呼

欢呼一个国家里程碑意义的使命，即将

大功告成。献祭五谷的立方体！

欢呼的歌声，荡漾在绿茵的草原

新搬迁的村寨、新就业的岗位

舒缓而悠扬的奏鸣曲，回荡在时代的潮头

沸腾了九百六十万平方公里的战地！

陈跃军

双湖，风中的卓玛

你是一双眼睛
康如湖是你的左眼，惹角湖是你的右眼
你深情地望着壮士们走过的地方
你默默地注视着这片英雄的土地
你慈祥地看着悠闲的牛羊

风中的卓玛在奔跑
她穿着厚厚的藏袍
裹着五彩的头巾
乌朵在她手中跳舞
藏獒在她的吆喝中东征西战

帐篷在等着卓玛回家
我在等着夜幕降临
有爱的双湖
每一个人都是亲人
每一个夜晚都是狂欢

门巴姑娘的歌声

一杯温热的黄酒下肚，我已
晕头转向，再来一杯
想起仓央嘉措，他朝思暮想的故乡
是否有一位心爱的姑娘
端着酒，唱着歌

一抹淡淡的羞涩
一丝浅浅的微笑
一会儿是"萨玛"的悠远
一会儿是"加鲁"的柔情
谁能不醉

一切已经与我无关
在梦里，在歌里
我编写一个爱情童话
多少年后，一想起门巴姑娘的歌声
我就是最幸福的王子

舒成坤

风中的石头

在喜马拉雅
我与风中的石头并肩奔逐
踏破雪山皑皑的荒芜
每一步，都敲响坚韧的战鼓

尘世的风声
喋喋不休
聒噪着功名利禄与爱恨情仇

在雪域
我沉静如石
以缄默抵御喧嚣的洪流

若能如愿
我愿与石头一同沉浮
以风为友，在呼啸里感知自由
以雪为伴，在纯净中寻得温柔
在风起雪落间，领悟生命的节奏

奔跑的驴

一头野驴
踏入茫茫雪域
身躯在风的抽打中
挣扎，留下风的斑驳影子
似一道黑色闪电
滑过人间

在风中
鬃毛烈烈，每一根都写满倔强
头颅高昂，问询苍穹
何时又有冷雨风霜

这头不停奔跑的驴啊，在冷峻雪山
穿越冷暖炎凉
在心的远方
踏过世间沧桑，无畏前路跌宕
在未尽的征途上
与日月星辰，携手奔赴永恒的光

张家晔

把申论写在边关大地上

我是高原的一片雪花
因为雪域山河的滋养
飘洒在壮阔的土地上
一穗穗青稞便是我

我是高原的一株红柳
因为风霜雨雪的洗礼
扎根在苍茫的牧场边
一群群牛羊便是我

我是高原的一枝格桑
因为春夏秋冬的轮转
盛开在绝美的雪线上
一朵朵鲜花便是我

我是高原的一首牧歌
因为千年岁月的修饰
回荡在旖旎的峡谷里
一个个笑脸便是我

我是高原的孩子

双脚扎在这片赤诚的土壤

亲人的热泪是我前行的勇气

我是高原的种子

青春绽放在祖国最需要的地方

群众的笑脸是我最大的荣耀

把青春写在雪域边关

把青春写在雪域边关

那是高原牧场

牛粪燃烧的熊熊火焰

那是风雪山口

常年驻足的悬崖峭壁

把青春写在雪域边关

那是秘境峡谷

沟壑纵横的绝美山河

那是青稞飘香

阿妈脸上的幸福笑容

把青春写在雪域边关

这是家国情怀

犹如雪山朝日喷薄欲出

这是崇高信仰

犹如祖国大河奔涌浩荡
把青春写在雪域边关
这是人民至上
正如哈达诠释警民情谊
这是扎根边疆
正如红柳顽强生生不息

嘎玛旺扎

西藏变迁

多少次回眸

回眸你备受煎熬的曾经

那漫漫长夜那苦苦的等待

谁不曾心有余悸

谁不曾潸然泪下

雪域，我的母亲

抽打长鞭的声音不绝于耳

日积月累的杂税多如牛毛

希望、自由、光明

在你无尽的等待中遥遥无期

阿妈说地狱这般痛苦万分

阿爸说幸福如此不易眷顾

命运是一座山

压着你匍匐而行

你歇斯底里的呼唤

雪山记忆犹新

多少次回眸

回眸你不堪回首的曾经

那无边冬日望穿秋水

谁不曾涕泪俱下

谁不曾痛不欲生

雪域，我的母亲

一根草绳的哭诉撕心裂肺

一纸契约的桎梏生不如死

希望、自由、光明

在你无穷的痛苦里销声匿迹

阿妈说祈祷不曾扭转乾坤

阿爸说等待如此无可奈何

命运是一个巨人

挡住你渺茫的前方

你歇斯底里的呼喊

大河永记心间

多少次回眸

回眸你仰望朝霞的日子

那灿烂的笑容欢歌和笑语

谁不曾为之动容

谁不禁手舞足蹈

雪域，我的母亲

当家做主的农奴喜迎幸福

春回大地的诗篇开始谱写

希望、自由、光明

在你久久的等待中如愿以偿

阿妈说天堂这般幸福美满

阿爸说生活如此焕然一新

命运是一双手

抚摸你乘风而行

你喜出望外的歌声
雪山记忆犹新

多少次回眸
回眸你拥抱阳光的日子
那自由的春天耕耘的希望
谁不曾喜极而泣
谁不曾欢欣鼓舞
雪域，我的母亲
重获新生的喜悦不言而喻
翻天覆地的变化历历在目
希望、自由、光明
在你无尽的期盼中温馨而来
在你无限的等待中款款而至
阿妈说命运如此峰回路转
阿爸说难忘军民鱼水情
命运是一条路
延伸着通向香巴拉
你日新月异的变迁
草原铭记于心

次吉拉姆

我愿做诗人的妻子

诗人

在有鲜花和雨水的季节

你会在这人世间奏响

被甘露淋醉的诗韵

在风雪弥漫的时候

你会在这人间做出

充满暖意和真诚的

诗之慰藉

其实

我也喜欢花

钟情于雪

多少次

我曾拥抱你笔尖的彩虹

在人间最深处

寻觅诗歌的价值

正因为如此

我也

时时刻刻都想做一名诗人

更想做一名诗人的妻子

诗人，我愿意从这间静谧的小房子里

找寻人世间的笑声
从草原和鲜花丛中
找寻人间的美丽
从此
我带着
草原姑娘纯洁的本性
多次搅扰诗人的世界
如今
我不愿意离开诗
更不愿意离开诗人
我愿做诗人的妻子

颜 亮

一座草原的时间

这个总是转动神话经筒的季节，
少年时想象的光线和生灵流动的空气里，
仔细静听敲打窗户所臆测的气象，
看夜色缓缓萎缩中的远山与高原大地某个部位的疼痛；
听生来获得的唯一一次救赎的呼吸和设计精巧的云朵与草色；
总是让我独自守候一份冷峻的怜悯，
挤不出值得商榷的回音与坐标。
我常常这样：看着有影子的云傻笑；
               与路过的猫狗攀谈；
               用手抚摸路经的冬青灌木；
然后转动身形，每每在寂静中平静而高傲地独处。
我想一个人在高原的黎明醒来，
一定要谈谈云淡天阔，铺满黄昏的牛羊满坡；
讲讲拥有图腾标识的游牧日常；
说说一个崇拜幸福的皴裂面庞，如何到达一个陌生的深度。
可是令我欲罢不能的是——
我沉浸中的生活犹如一册典籍，又像经历了整个凡间秘境，
身形流转，忽略了千奇百怪渐渐呈现的悲喜，
只看见我抵达雪山脚下的时候，
低头吃草的牛羊正把自己从大地的手中交给一座草原的时间。

纳穆卓玛

青山有鸣

丛林深处，万物的呼吸
弹奏在清晨的光线上，侧耳倾听
风声，水声，鸟鸣声
犹如神明供养的甘露
融化在皮囊下几近枯萎的灵魂

一面湖水，映照内心的寂静
雪峰慈悲，在宇宙的窗台上
抬高草木的海拔

曲折小径避开大路，继续引领着我
荆棘横生的斜坡上，一眼刺破世俗的谎言
我在一盏花朵里，回味
瞬息的永恒

密林很深，小村明亮如灯
晒太阳的老人像野菊花，活在
自己的世界里。没人知道
我坐在一块石头上等自己时
院墙内孩子们清澈的笑声
突然闯进我的原乡

深秋来到崔久沟

河流在石头上，翻晒金色的秋天
光的水波渐次消失之前
拉姆拉措侧身从波纹缝隙里抽离
——蓝色的明镜，那是我未曾见过的
天空

色彩是流动的山脊，在风中交替
隐藏的明暗
有许多的树木，我说不出名字
它们在照料山谷的寂静

冬季牧场上，听力障碍的老人
接纳我们的造访
言语几句之外，更多的是微笑
通向彼此的世界

帐篷里，火苗是石头灶的灵魂
帐篷外，白云是牧人心里的经幡
我知道，离开此地后
牧场又归寂静
六岁的朱杰布（牧养狗），仍是
老人最忠诚的陪伴者

沙冒智化

光的纽扣

窗前铺满的一块黑布
用星星扣住了梦里的那一颗心

藏在语言里的烟花
埋在滴水不漏的水泥房里
听着草原上的风水
轻擦着心骨的缝隙

面朝被墙壁外挡住的路灯
用钢铁般的星星穿透夜色的皮肤
插入我窗前的风声
我抓着一粒尘埃
在夜灯下撒在胸口
等着，在我的窗前
快乐生长

回　家

一步走出家门

到了合作市

一步走出家门

到了当雄县

一步离家很近

一步离家很远

我从拉萨回家

要经过那曲

我从沙冒村回家

要经过兰州

我的身体

驮着拉萨到兰州的铁路

背着沙冒村到拉萨的路

日子像个轮子

把我推来推去

诱惑着一面镜子

我的父亲跳出日子之外

已经二十五年

我的身体继承父亲已经四十年

在拉萨的日子

挤压着我的青春

头发上有一群鸟的巢窝

从拉萨出发

到了唐古拉山口

从沙冒村出发

到了西宁

沙冒村的群山往上长

拉萨的群山往下看

我把自己钉在格尔木

拧紧了身体

不想拔掉拉萨

不想拧开沙冒村

撕掉心里有声音的一张纸

扣在一个碗下面

舌头卷起来

煮上一锅太阳

喂给夜里的拉萨和沙冒村

沙冒村的很多老人

带走了沙冒村

拉萨的很多时间

蜕变了拉萨

我到了格尔木

脚步往下滑

滑到每一个老人的脚印里

我能捡回半个沙冒村

我到了格尔木

心往上爬

在拉萨的峭壁上能爬到

拉萨剩下的夜里

跳过云层的崎岖和广阔

都是属于天空

属于时间和杂事之间的距离的

我就在家里想家

在家的心脏里打开自己

守着一把火

我给拉萨到沙冒村的路上了把锁

我给沙冒村到拉萨的路修了枚钥匙

打开

时间就会停下

你的眼睛会看到

一轮干干净净的太阳

回家之前

我在一块病了的石头里

刻了一位哲学家

送给了一路想回的家

空空的我

装满了我

满满的我

抽完了我

索朗旺久

雪域，我的故乡

从雪山深处吹来的风
带走了母亲慈悲的硕果
跟着风马旗飘扬的山川
温暖了每一颗孤独的灵魂

风中香气四溢的累累硕果
飘落在生命的源泉上
熏陶着一颗颗敬畏的心
润湿一颗颗慈悲的灵魂

那些碧波如鉴的雪域圣湖
犹如缥缈天空中的仙女
婀娜的身姿让人激情澎湃
想去掀开你那美丽的面纱

金黄的青稞焦急地摇摆着身躯
期盼着那道柔和的银光来拥抱
拥抱自己等待已久的雪域英雄
尘世的皮囊流淌着洁白的灵魂

湖畔上成群的牛羊悠闲自得地
欣赏着绿如玉的茫茫草原
彪悍的阿久骑着骏马眺望着
美丽的高原红悠闲地打着酥油

镶嵌在草原田野间的雅鲁藏布江
恰似白度母精心呵护着每一条生命
洁白的乳汁孕育了悠闲自得的心境
美丽的微笑打开了内心的真善美

风的故事，告诉了月光

远方吹来的风，在耳畔
留下了未知世界的清香
我听着风中多情的故事
借着城市里多变的灯光
站在一座无人过问的桥上

等待，月光照在我的身上
把风的故事告诉月光
让她带到远方的远方
因为，父亲告诉我
那里有最美的夕阳

仰望天空的头，颓废了

迷惘中，分不清谁是谁
很多的光，包裹着我
闭目浮想的一刹那，我把
你的容颜镌刻在眼眸里
映在，手中的酒杯里
一杯又一杯，饮尽

酒越喝越淡，却还想喝
梦越做越假，却不想停
远方的风，皎洁的月光
请你告诉我，远方
有没有，我们的故事

永中久美

一匹脱缰的影子

我在西藏的一块石头上冥想
清风和阳光送给自由的人
思绪是一匹脱缰的影子——
从拉萨投射到太平洋轮船上。

沿途所见，多半灰暗。
一个巨浪打在脸上
只见雄鹰翱翔在西藏的远古岁月
我怀抱着天葬台等待宣判。

只有追随死亡的终点
才不至于倒在半路中。
我站在西藏的一块石头上
倾听岁月和云彩流逝的声音。

思绪是一匹脱缰的影子：
奔跑在修行人和政客的天堂。
我站在西藏的一块石头上
倾听宇宙作息的音律。

洛桑更才

天空下，延伸

哪片天空是我的俘虏
趁黑夜还未张嘴
给云的睫毛贴上隐形的标签

哪间房是为我而生的
趁光与死亡纠缠
给血管凿开一条透明的裂缝

哪段歌声是我的伴侣
趁宁静蛰伏在孩子眼睛里
给奔跑的尘土插上爱的音符

哪座山是因我而塌的
趁远方的睡眠倒立在湖底
给殷勤的地表宣读判决

哪部分记忆是我的仪轨
趁痛苦没被采集指纹
给行走的头颅筹集粮草

哪段阴影是陪我醉醒的甲方
趁光鲜没有扯下天空的衣裳
给流浪的房子说一声"受累"

哪句话出自我未生的口腔
趁花儿在数落风的姿势
给难产的空旷一个分娩的机会

哪块倾斜里有我的爱情
趁雨滴从长空划下一道伤疤
给闪耀的人间做最后的送别

哪双眼睛出自我遗失的日记本
趁黄昏沐浴在一双捧着细沙的鞋子里
给孱弱的大海插上一朵来自空中的花

哪条路是以我作为起点和终点的
趁裸露的轮廓沿着生命奔跑
给孤独的森林找个入赘的情人

哪滴雨水是从我干瘪的笼子逃走的
趁灰色占领封面为作法的闪电张罗法场
给地底下的粮酒灌满寒气和叮嘱

哪面墙是我心脏支架挽留的呼吸
趁水珠描摹的沟壑尚未抵达颜色妩媚的怀中
给每块紧抱的石头涂满白色和爱

哪间微开的门里有我急促的恐慌
趁铁链拽着锁芯在闹市幽会
给山的脏腑进行温柔的扫荡

哪里的自由需要我的陪伴
趁时空在那条青石板上雕刻眼泪
给那些从未见过的面目说声"你好"

哪里的沉默等待着我的赞美
趁树根在泥浆里捕捉地气
给脚底下的远方搭个可以背走的梦

哪里的风景需要我多情的画笔
趁撒野的星辉追逐河面上的波纹
给默契的苍穹把地球作为笔筒献上

哪里的拥挤披着我的快乐
趁影子长出一双砍价的慧眼
给另一座山谷里的洞穴邮寄是非

哪里的空气需要我祖传的枷锁
趁太阳的矛刺向水的发簪的那一刻
给所有的鱼连接陆地与失重

哪里的美刻有我稠密的痛苦
趁狂野烂醉在路边的小酒馆
给紧闭的小窗挂几颗星星的耳语

哪里的战场散发着我盛夏的窒息
趁一缕浓烟在人们的心底间彼此相爱
给即将飞逝的土地以最深情的吻别

哪里的渡口有我家书缝补的期许
趁浪花鞭打冬日暖和的阴谋
给远去的人和大脑颁发永生的勋章

哪里的哭声是从我手心溜走的牵挂
趁阳光刺痛的脸庞里没有陆地
给摇曳的风安几颗断念的螺丝

哪里的无奈藏着我缓慢的骄傲
趁秋天只在夜里私会她的爱人
给白昼的坦荡留点出于礼貌的好奇

哪里的边缘插上了我心的地界
趁天地交织在山的毛发庇护的暗沟里
给拈花惹草的醒灌上一坛陈酿的忠告

廖 伟

将我的心跳寄给你

拉萨的冬天遍布每一个角落
我坐在室内　打开太阳

满窗格子的蓝天
枯树上沾满雪花的小鸟
把音符弹奏得七零八落
雪花只是天籁般的曲子
从天而降

一窗青山，还没老去
我依旧在凡·高的画中
行走　遥望　期待
想冬天的雪域　仅仅是
我的一部作品
是我亲手撰写的童话

拉萨　指向黄昏
太阳还在，中国还在
我们共同的北京标准时间依旧
我在我的蓝天　你在你的海洋

不偏心地让我们同在
一个世界呼吸

抬头，低头。一个人面对太阳
我都将大昭寺的钟声，传递给你
就像将我的心跳
寄给你

木朵朵

雅砻

1

雅砻河欢快地敲击石头
这亘古的冰川之水
是山南人怀抱扎念琴的弹唱
一曲步步为营，四季生辉

从雅拉香布策马扬鞭
你狂奔的样子，犹如战士
与风齐肩，跑出色彩

你说阅尽牛羊、草色、青稞
穿过我的眼睛，种子落下的地方
就是"藏源山南"

2

历史布满褶皱，细细捋平
众多"第一"，随着第一位赞普纷纷站起
那个大唐女子，春雨般

款款落入心里

3

此后，生根发芽
初长成的脚印走进雅砻
我看到石头撞击石头
额头亲吻土地

4

贡布日神山高举天空
夺目的蔚蓝装满对大海的记忆

海拔四千多米，山路逼仄
植被大胆地躲在
乱石的缝隙里

我这个凡人，抛开目之所及的忧虑
找了一条更接近春天的路
向往高处

5

抬头，就打开了天窗
纯净的蓝底儿开白色的花
像浪，翻滚着铺开
与雅鲁藏布江，与雅砻河日夜痴缠

时雨不负有心人，适时绿了两岸
雅砻，还要多少年
我才能按捺住
脱口而出的倾慕

6

奇迹蓬勃生发
贡嘎机场，泽贡高速，拉林铁路，雅江防护林……

所见处，皆是心花怒放
雅砻的春风，告诉这里
每一个经过的人
序曲打开
将又是一个百年新征程

7

猕猴之子扒开第一块农田的尘埃
还在白日街飞扬着
就此——
农耕没有停止，繁衍没有停止

待格桑花喊醒山坡
牛羊喊醒草原
雨滴喊醒春天

雅耆——

我站上山顶

大声喊出你的名字

咚妮拉姆

蓝色高原风

一

风怒发冲冠
钻进每一个黑暗缝隙
局部掀起刀光剑影
风是红色的

二

百花撞见了它
河流激活了它
蝴蝶抓住它的尾巴
风也是绿色的

三

喜欢居住在高原
俯瞰大地
裁判它眼中的不顺
常常鼻青脸肿地溜回

四

坐在高原的石头上
头顶蓝天，胸荡大海
风
有了新的颜色
——蓝，湛蓝

五

蓝天虚空
所有星球在转动
银河系闪烁
邻居麦哲伦星系璀璨
万物一片生机
风啊
一束束蓝色妖姬
用爱秩序着宇宙
生生不息

六

牦牛悠然吃草
牧人喝着酥油茶
蓝色风儿禁不住鼓掌
人生的原野多么辽阔
又叹息道
青春总喜欢选择铁轨

七

自从风儿
从北京的金山上汹涌而来
砸开雪域高原
千年的枷锁
风的骨子
盖世英雄

八

清风　柔风　台风
龙卷风　蓝风　绿风
各兄弟姐妹
从娘胎出来
不曾见面
各自有各自的使命
美德与过错
何必非去一论高低

九

蓝色的风
灵明通透
从高原到世界各地旅行
穿越
森林，海洋，高楼，人群，阳光，星辰
每一寸骨骼

每一寸土地，每一寸人心

十

走遍世界
只是走出原本的自己
可是现代的人类
好好吃饭，好好睡觉
成了难能可贵的奢侈品

十一

是什么声响
让我们为了顺从外界
弄得自己支离破碎
来吧
追寻自己内心的声音
带上零糖社交
水鸟的自由
拉萨河畔，蓝风拂面

赵文慧

藏羚羊

一首长诗从母体引出
在草原抒写久远的跋涉
血脉奔腾在茫茫原野
大地的胸膛升腾生机与气息
一群有一群的语言
独个有独个的思维
季节在太阳的边缘回旋
山岗挺起厚实的脊背
河流依然奉献甘甜的琼浆
生命的火种在山河间延续

塔式的角心垒得齐整
用彩虹的弧度
把草原弯成了美景
雪山和大地的颜色
倒映在身体的表层
生长成固定的外衣
追逐撒欢的乐趣
让四蹄踏风矫健绝妙
悠悠时空茫茫草地

在风霜雨雪纵横的山谷中
在蓝天丽日辉映的土地上
灵动的身影时隐时现
像是自由飘荡的白云
在流转的光景轴上
与山共守一条河流
与河同守一片高地

一朵云（次仁拉措）

我赞颂一个春天

我赞颂一个春天
只因它从未推迟地到来

我们彼此交换深夜、伟岸和忧愁
年复一年，履行着彼此的义务与忠贞
然而，我知道
我的任何一场激荡和轻蔑
都不能阻止让风暴止于它前
它把毕生的繁华、妖姿和交集，都交付于一个景
没有轻柔，怎能到达巅峰
怎能捕获空心的宇宙，尽归于它

我赞颂一个春天
只因它从未推迟地到来

它懂我对城市的高度，没有任何期许
百年前是水泥的结合，百年后是水泥的搓揉
然而，只因我
站在一个春天的遥望里
植被便从水泥之中柔软生长

唤醒曾被干裂过、踩踏过、抛弃过的裂缝
没有弯曲，怎能到达彼岸
怎能驯服人性的无望，归顺一串佛珠上

我赞颂一个春天
只因它，遵守诺言

永琼桑姆

铁匠的女儿

是你吗? 铁匠的女儿
与我一起放学回家吗?

越过了五彩塔
乌塔粮仓与马车在灯边
有我们共同回家的大路

呼啸着的塔下魔
用狂风的劲绳　捆住了街道与细沙
让我们紧紧拥靠在一起

你椰子清香的长发
被风沙歧视着拖拽

却也不断地向前
牵着　我的手
和煦的托林寺
你看到了吗?
我们就要到达粮仓了!

"也应该分开了"

纵使我们正在靠近
看苞谷亲吻着锄具
伸向土林的夕阳
浸染着秋意的宁静
和乐融融地摘取
人类与土地的果实

"可前方歧路的蟒蛇
也像脐带缠绕着窒息的婴儿"

马儿挥鞭扬去
落下的新谷
无法治愈土地的沉疴

"即使日出　我的背影也无法诉说
大地的光芒　照亮的
是人们心中分歧的小路"

可是
一切还未诞生前
我们曾都是　土地的子女

萨娜吉

中华民族团圆曲

那是从远古开出来的花
古色古香中带着五十六种迷人的芬芳
让沙漠落荒而逃
绿野覆盖了每一寸厚重的土地

那是神州大地上的一棵参天大树
吸纳了五十六种泉水的精华
只为长成一种传奇
撑起一片蓝天，稳固一方水土

那是箭壶里抱在一起的利箭
一根轻轻掰了断，勠力同气便百折不断
十指连心的兄弟姐妹啊
胸膛里滚烫的心脏，只有一颗

那，是龙的九个儿子在云霄欢腾
是凤的九个女儿在舞动春天
那，是一千匹骏马在奔腾驰骋
是一万只鸽子在自由飞翔

那，是一首横贯东西南北的交响乐
是一出穿越五千年的巨型舞剧
那，是共同组成的太阳系
是坚不可摧的八卦阵

那，是麻绳紧紧缠绕凝聚的力量
腐朽化神奇，一根杠杆撬动地球
那，是长江黄河在呼啸
只因无数浪花汇聚的澎湃，所向披靡

那是，那是一面红旗下的故事
是一艘航船上承载的期盼
那是，惊雷中涅槃重生的彩虹
告诉你风雨后的美丽，要倍加珍惜

那是，那是鲜红的石榴籽紧紧相拥
是春天来了挡不住的百花盛开
那是，鱼儿在大海不想上岸
是一个同心圆，走向更大的同心圆

那是，一支高歌，从昨天唱到了今天
还要唱向明天，唱向未来
那是，一道霞光，照亮了昨天
还要照亮明天，照亮未来

康松达伟

雪绒花

他走过扎什伦布寺

他穿过雅鲁藏布最深的河谷

他看见寺庙的僧人毫无表情地轻轻拂去历时数月才画成的

巨幅坛城

看见阿里的银河璀璨

还有无数簇拥着银河的繁星一同向西缓缓流淌

他看见羌塘荒原上追逐羚羊的狼群

他看见林芝腹地上淡白的雪绒花悄然飘落

随风而去

又乘江面轻柔的风而起

旋转着落到布达拉宫的屋顶上

花粉飘落

洒满整个宫殿

僧人们说

从此布达拉有雪绒花的味道

金顶是雪绒花的颜色

巴桑秋珍

乡 愁
——致班戈

羌塘腹地深深
纳木错柔情依傍着
念青唐古拉山的伟岸
亚帕牦牛静卧，色瓦绵羊动人
款款"谐钦"舞着前生今生
年轮悄然踏过乡音的诗行

江龙玛曲潺潺哺育
将坚韧直插巴木错的深处
携一处青青班戈错
改写了朗如宗的历史
每一滴河水的坚守
渗出色林错迁徙的脚步

东恰错永远深情守望
长篇诗里却没有她的影子
北地秘境达如错
浸润果热山的璞玉
江错，是怎样的思念

是母亲想念的母亲

其多山中岩画美
图腾诉说的亘古文明
圣象天门久久屹立
倾听山水爱情的传说
恰多朗卡静谧如诗
缱绻在梦幻的蓝色彼岸

望一眼时光里的班戈
安放在泪腺里的乡愁
将记忆里盐碱湖水的味道
深深刻进虚空里
低吟一段"擦鲁"
寻迹驮队和盐的一生

最是人深情
却将情意用距离丈量
童年的花海不在
外公却成了班戈的代名词
可我，用一生也写不完
寄语在湖水里的乡愁

李 超

守望者

西藏，雪域之巅的圣洁净土
灵魂在此找到了归宿，生命在此寻得了原乡
媒体行者，在此镌刻时光的印记
穿越冰川，攀越高峰，风霜雨雪
只为探寻那片澄澈的蓝天，雕刻出不屈的魂灵

雪山之巅，与鹰共舞，孤独的旅者
聆听着雪域的歌声，守望着高原的辽阔
用文字构筑起桥梁，连接着世界的每个角落
用笔尖触摸大地，记录着生命的顽强
如同漫天星辰，在黑夜中闪耀光芒

每一步，向着光的方向坚定前行
每一字，用纯净的歌谣编织着信仰
文字的海洋，镜头的世界，泼洒出光明的轮廓
守望者们，用影像捕捉着高原的灵魂
在黑暗深渊中，引领前行

担当，如雪山般巍峨，责任，如江河般奔腾
在新闻的世界里，你们踏歌前行

如高原之花，无畏风霜，更显绚烂与坚毅
媒体人啊，你们是雪域的守望者
用奉献与牺牲，守护着这片净土的荣光

武瑞杰

云端的牦牛

白色的风漫过天际
云端行走的力量
毛发柔软
与黑夜无数次厮杀
时光里交替
成一片土地的温暖

雪凝在石巅
山谷寂静无声
影影绰绰的花影
点缀梦境
深海隆起的眸中
黑与白闪动

牦牛消失，云朵落于草地
孩子天边走来

邦达草原

浪拉山，驮着冰雪，逶迤向西

那个牧人从云雾中穿出来
衣袍鼓胀，像把所有的风都背在身上

牛羊下山，牧歌下山，暮色也躬身而起
挤在去人间的路上，苍茫而舒缓

不忘把鱼群留下，照看疲惫的河流
不忘把星辰留下，安慰深夜独自醒来的天空

遍野夕光，是落日脱给草原的罗裳

聂 枫

夜宿岗巴

总有一种浩瀚让你忘掉自己
总有一种阔大让你忘记语言

今夜，在岗巴县
在起伏的雪山之间
在王国与王国的交界
岗巴是高原上偏僻的一滴泪
滚烫的一滴泪
融进白与蓝之中

真理消失在冰川尽头

走过五千年的冰川
直视你苍白的心
冰川之下有鲜活的鱼群
鱼尾刻着海洋的记忆

国王手捧火把赶来

白的是珍珠，蓝的是泪水

白的是骨头，蓝的是火焰
今夜，在岗巴县
睡眠抛弃了我

我手握圣石，遥见
国王手捧火把
在洁白的凝视下，走向一场寒冬

拉加凹尔

影子的庄园

切水果
羡慕一把刀
我想切开天空的另一半

种子
一瞬间我变成了一滴水
砸开了石头缝你的眼睛

调酒
喝了一杯空气的灵魂
所有的黑暗挂在我心上

黑色
闭上眼睛
拉萨河流在我的脑海里

太阳
平时它坐在云上
吃了我的影子　吐了她的灵魂

旦增白姆

逃 离

早晨，卷发棒在手指上烫出小红块
微微的灼热感
从皮肤传入大脑皮质
我确认着我的存在

穿袜子的时候
总觉得有种勇气
不知道是我的，还是袜子的
破洞是它的宿命吗?

当黑色变得更深时
月亮更亮——
那是用烟头烫出的银色伤口
一个出口

我们在河边
欢呼着
把手中的花束拆解开
抛入了河里

那些波动：声音、水纹、情绪

在寂静中散开

在传递的过程中被消耗

我们得以从那个中心，逃离

李雨函

横断山脉的记忆

高山的轮廓
依然清晰
静谧而宁静
勾勒出久远的沧桑
流浪多时的月早已回归
在电线拼凑出的五线谱上
踏歌而行

被遗忘的风与落日
短暂别离
地壳一次次苏醒
每一次的洗礼过后
眼泪如同火山般汹涌
把白垩纪、侏罗纪的伤痕都凝聚成了印度洋

谁来证明我们曾经在这荒凉的世界
彼此追逐，撕咬……
将野性释放到极致

亿万年的循环

一切都消失殆尽了吗？
所有的深海秘密都暴露无遗
时光剥蚀不了曾经的绚丽

未风化的碎片被藏进了博物馆
欣赏着，探究着……
唤醒了沉睡的记忆

旦增次旺

无名石头

高原上一块无名的石头
被缘分带到西湖边

西湖边，微风缕缕
络绎不绝的人们啊
你们可知
西湖某个长椅旁

有个原本不属于这里的
来自高原的石头

这块石头
或许，太过微小
被你们忽略
可它是有故事的石头

几年之后
也许，缘分让它的故事
传达给某个愿意倾听的人

可惜，为时已晚
一旦故事说完
石头便消失

消失的石头
谁会铭记
……

魏飞鸽

遥远的呐喊

一

我的眼睛，清澈明媚的眼睛
它在我高傲的头颅里
被眼眶紧紧地保护着
藏在沉重的石帽下
渴望又恐惧
但一切没有抵挡住贪婪的手
穿过层层的保护
农奴主将它面无表情地摘下
捏碎！
他们说：眼睛是他们的
他们说：头盖骨是他们的
他们说：人皮是他们的
他们说：手和脚都是他们的
……
疼痛是维持我清醒的麻醉剂
如果我死了
我要从地狱里爬出来
拿回自己的身体

二

阴暗的暮光把田野围住了

悲鸣的鸟儿已经归巢

怎么还不收工

再晚，恐怕难以找到窝穴

何处能让我睡个安稳的觉

只有那狭小的牛棚能够避风挡雨

无处归身的游魂开始哀号

皮开肉裂的牛马开始颤抖

怎么还不收工

再晚，我将和皮鞭一起坠入地狱

谁能解开枷锁让我逃离这煎熬

只有那牛马是我的友伴

不知疲倦的脚步像沉重的鼓点

击打在农奴主的土地上

他们说：土地是他们的

他们说：秋天是他们的

他们说：妻子是他们的

他们说：漂亮的女儿也是他们的

……

黎明是维持我梦想的清醒剂

如果我能说话

我要高喊自由

给一切起上我的名字

三

你从天边来
注定要与我相遇
我的机会来了
在破晓驱散黑暗之前
我借着那些死亡的脚镣
登上云端
是你
用温暖的怀抱
融化了我冰冷的身躯
是你
用红色明亮的霞光
把革命精神镌刻在我的脉搏上
是你
用红色的信仰
驱走了我寒冬的阴霾
是你
用镰刀锤头
铺就了我生命的灿烂

四

若有人赞叹我的美丽
那一定归功于新生的太阳
若有人赞叹我的勇气
那一定归功于金珠玛米
让我来告诉你吧

千万个红军的革命诞生了我

在那绿涛万顷的草原上

我成了它们的主人

我小心地将它们呵护

千万个共产党人的奋斗化作了我

在那白雪皑皑的山顶

我做了春风的朋友

它们成为了我的知己

静静地把我聆听

千万个农奴的笑脸生出了我

在那喜庆的街头上

我幸福地做了别人的新娘

我成了他们的祝福

他们默默为我祈祷

千万个兄弟省市的付出成就了我

在那清澈如洗的蓝天下

我做了幸福家园的建设者

幢幢楼房成了我的乡思

小康生活对我招手

奖 恰

空 镜

我那命运的壁画上
溅了火的花瓣
水在翩翩起舞
意念中提取的幻影
出现在神秘的窗口
把故事的碎片和心中思恋——解析

从魔幻之城伸向远方的足印
被空镜中的心灵扫描时
期待与念想在成倍增长
我只好对自己的痛楚发一次愿了

从空镜里喷涌的百千万语言
汇入了天上的长河
从浩瀚宇宙的门窗流出

生命歌谣里的凉风和彩虹
在罪恶的铁链之间溃散
当站在窗户前阳光的对面
我是无语的阴影或者欲望的石头

翻遍了记忆的所有柜子
也无法找回不能丢失的故事的落日
做了几次因恐惧而萎缩的噩梦
我在空镜里听到了无常的音乐
也看见闪烁在时间腹中自己灵魂的影子

才旦多杰

美如画的洛隆

千年积攒的阳光
宛如春天的乳汁在流淌
哺育了南谷
哺育了洛隆

晚风在吹拂
吹得夜色的心事乱飞
洛隆　犹如一幅宁静优美的唐卡
在炊烟中古老而又暗淡

此刻　一朵浪花
如同生命的音符漫天飞舞
飘落在逝水上　凝望远方
且安抚着一颗跳动不安的心

每当我轻轻地走近您
或者站立在有风的朗错河边
洛隆　好似一片寂静的麦浪
翻开爱的扉页

我只想这样委婉地靠近您
并将每一个美丽的芳名镌刻在心田
用一生享受您的珍爱

曲 杰

秋临羊湖

于高处写上水，写上蔚蓝的信仰
湖水荡涤着岸堤、岛礁，每一次浪花的念白、拿腔、甩袖，
都与
此时的我成反比
此时，白云总能从秋风中抽身
就像某些被往事套定的无羁
总在远方灯火的空隙间得到确认
立于湖畔，好些事情确实发生过
比如我闻到空澈的香息
比如湖水的走势，一波又一波，都是
落向人间的柔软

扎西旦巴

迟归的雪域游子

当旷野上升起黄昏星
我到了梦的故乡
此时月明的雪域呀
你用温柔与宽厚的手掌
把我轻轻抚摩

布达拉宫的朝圣者
你们已俯身沉睡
我只和自己的影子
迈着轻快的脚步
小声吟诵着圣歌

穿过石子铺就的一条小巷
朝着给予最初生命的家庭

终于我到了家门口
却不敢叩开近在咫尺的门
倾听着母亲的鼾声
我蹲坐着等待黎明

南卡雍仲

七　月

不知　坐断了多少个春夏？
山外的落日　圆了又寂
我　慢慢变成一块孤石
与你空性的身影　永恒对峙

有谁　曾静听过
念念不忘处　花开的声音？
岁月中风沙的呢喃？
一切将留在孤石的伤痕里

山外的风景　蹑着脚步
悄无声息地走进七月
我以孤石的沉默祈求
给脆弱的壳　一颗坚强的心

洛桑它庆

西藏，如今幸福花开

曾经，年迈的爷爷告诉过我
他是新旧西藏见证人。

六十多年前，年幼时的他
在地主、贵族的剥削与压迫下
承受着繁重的劳役
食不果腹，衣不蔽体
贫寒中度过了半生。

如今，蓦然回想
眼泪在伤口处汹涌澎湃

爷爷说道：
那种低劣的生存
不仅是他一家的久历风尘
那是百万农奴的生活，悲观厌世
自由与愉悦，宛如沧海一粟。

1959 年前，春意格外盎然
神兵般的"金珠玛米"

用生命染红的一面旗
屹立在雪域之巅
那面旗，神圣而鲜红
它把禁锢在黑暗中的农奴
解救出来，一束灿烂的光辉
点亮了高原的千家万户。

聋哲

等雪

雪落在那些年雪落过的地方
乡亲们已经不注意它们了
比起雪更重要的事情降临到生活中
他们打量着如何度过寒冷的冬天

我从不敢忽略冬天的来临
一直在等落雪的声音
期待着一场雪悄无声息地覆盖
村庄、田野、校园，还有那颗心

许久以前我记得在一场雪天
我帮老阿妈去放牛的事情
那时候我还赶着上学
老阿妈在书包里放了热奶茶

我时刻都想起村里的一些人
组织去扫雪的路上偷懒的
一会儿推车，一会儿玩耍的
我虽小力不足但也不敢闲着没事干

在牧区难免会发生雪灾
但他们从不抱怨天
在他们的精神理念里
无常早已成为常态，包括生死

我想在一个寒冷的早晨
把老阿妈换回到温暖的火炉旁
准备许多个柴火给这个冬天
我想听阿古顿巴的故事了

庞志伟

无　题

生命还有挥霍的可能
所以在来日方长里　种植
后会有期。时光如水
淘洗　生活扬起的　尘
又生出　细水长流
贪婪又惭愧

再见　吉吾浅滩里的黄鸭
再会　一起看黄鸭的　人
再也不见　冷漠又客观
后续贫乏　再三跳脱

停车　看当下的　风景
烙印　此时此刻的　心情
下次　像个诈骗犯
又无法　判失望的　刑

看一场雪　赴一场约
追风赶月　果断又决绝

闻吉次仁

深夜，星辰下的诗歌

那时寂静的深夜陪伴着我
与我谈论着凄美亘古的历史
历史
让我拿起笔驰骋于纸上
我却跨不出那些千山万水

深夜明明有星辰闪烁
而我却执意地
把身心贴近黑暗的怀里
用愁闷与悲伤倾诉那凄婉的诗歌

是的　我可以不是诗人
可是　我不可以
不站在漆黑的深夜
去呼唤拥有诗歌
期望永远留住诗歌
还有那狮啸的记忆

古格王朝

一条条山路上
是谁把无数次的梦播撒在那里
久立在山顶的那座宫殿啊！
你是否也把星星的梦摘到了我的胸前
那无数次的梦里
梦到了我那万马奔腾着的我的君

我走在这千年守候着的道路上
为何把每一个窑洞的秘密留给我
但我坐在你曾走过的地方时
你又好像什么都告诉了我
可是呀！我的君！
秘密的两端开出了两朵花
那两朵花的中间包裹着秘密的花蕊

那一夜里
你给世间留下了一个神奇的传说
在传说里你是"一夜间消失的古格王朝"
那晚夜里的风在我耳边告诉我你的足迹
说是万里星辰是你从未消失过的答案

白玛其美

奔腾飞跃的羌塘草原

帐篷里的岁月

已成为匆忙时光里，或浓墨重彩或平淡无奇的故事

扎西说"我有一个梦想，是关于家乡的一个美丽的梦"

我跟朋友们也聊过很多梦想

也见证过很多梦想的圆满

那曲城的高楼大厦逐年在争先恐后地拔地而起

绿色火车像是一条巨龙，奔腾穿梭在广阔的草原

一群小孩指着飞过头顶的飞机说

"我以后也要坐着飞机游遍世界各地"

是的，时代发展的号角早已响彻雪域高原

我可爱的家乡在慢慢退去羞涩畏惧的面色

慢慢将缓慢的步伐迈得飞快而稳重

慢慢同更多年轻人讨论起关于爱情、关于未来的故事

慢慢变得自信而笃定，脸上洋溢着灿烂的笑容

我看见羌塘草原遍地开满希望的邦锦梅朵

每一处绿草展现着蓬勃葳蕤、欣欣向荣的景象

我听见一首首悠扬动人的歌声

不仅有着牧歌的高亢嘹亮，也有着胜利的喜悦与振奋

是的，穷苦的只是过往的昨日

坎坷的也只是已越过的山路和小道

遥远的已不再遥远

落后的已焕然一新

我相信勤劳勇敢的人们为我们开辟了一条光明平坦的大道

我相信热血的年轻人已踏上征战四方、开疆拓土的路程

我相信孩子们在画板上勾画着无限可能的未来世界

我相信美好的不仅仅是现在，未来会更加美好和值得期待

我敬爱的阿爸阿妈

这热闹而又沸腾的热土是你们深爱的家乡，但也不是它的全部

您可以去问问我亲爱的兄弟姐妹们

他们心中的家乡是怎样的？他们又在努力建造怎样的美丽家园

吉米罗布

冈拉梅朵，你是高原的美人
——致敬每一位奋斗并奉献在高原的女性

她说
想给生活请个假
做一个快乐女生
想在风里画一生
这句话
让我徘徊了许久
恍惚间一朵花走进脑海
那是一朵冈拉梅朵
冈拉梅朵
是一朵西藏的花
是一幅画也是一首歌
她有着高原的壮美
更是坚韧的象征
就像高原女性
刚正不阿
无畏无惧
冈拉梅朵
你是高原的美人
高原女性
你就是美丽的冈拉梅朵

次 旦

年楚河畔

我的家乡在日喀则
韩红的歌声飘荡在年楚河畔
我的故乡是喜嘎孜
童年的记忆荡漾在年楚河里

当珠峰的雪花纷飞在茫茫雪原里
当青稞的麦浪抚摸着农民的笑脸
当扎寺的铃声唤醒沉睡的大地
当堆谐的琴声飘荡在后藏的上空

年楚河畔的儿女
以珠穆朗玛峰为幕
以雅鲁藏布江为弦
手捧洁白的阿喜哈达
脚踏欢快的吉祥舞曲

端起盛满青稞酒的银碗
敬给来自五湖四海的宾客
唱起欢快的吉祥酒歌
送给土生土长的民族情谊

当朝阳再次染红崭新的河面
所有感人的故事都在继续诉说
年楚河畔浇灌的团结之花
比格桑花的色彩更艳丽
比酥油茶的香气更浓烈

达瓦次仁

远山有雪

远山有雪，那是仙女
昨夜偷偷留下的衣裳。
山上弥漫的氤氲雾气，是仙气
聚拢的婀娜。
杜鹃的啼叫，在星空隐没之前，
唤醒了沉睡的山川。

远山有雪，那是开耕的
沃土在黎明前的一次沐浴。
子夜的温润里，完成了从灰色
到绿色的一次盛大的换装。

远山有雪，那是
风中摇曳的春姑娘，
向大地爱人诉说的缠绵情话。
清新的语调里，载满了无限的爱意，
像滚烫的火山，像温柔的暖风。

远山有雪，那是
流动的清泉在初春凝结成的花朵。

等到倾泻的暖阳碰触绽开的肌肤时，
会化成涓涓溪流，
为寂静的四月画着万紫千红的美景。

远山有雪，那是
希望在空气中融化的影子！
蓬勃而优美。

格桑群久

麦浪中的茶香

那是一片广阔的麦田，
麦穗低头，如诗如画。
我在其间，静静地坐，
茶香、麦浪，共谱一曲优雅。
一杯清茶在手，
悠然自得，如风轻拂。
看那麦浪起伏，
心中一片宁静，一片和谐。
茶香与麦香交织，
如梦如幻，如诗如歌。
我在其中，忘却时间，
只愿此景，永驻心间。
茶香袅袅，麦浪滚滚，
我在其中，品味生活。
这片刻的宁静，如此珍贵，
让我感受到岁月的温柔。
茶，是生活的诗篇，
麦田，是自然的画卷。
我在其间，感受美好，
写下这首诗，献给生活。

当茶喝尽，麦浪未停，
我站起身，心满意足。
这片麦田，这杯茶，
已成为我心中永恒的风景。

童 岩

那风和阳光所构成的西藏生活

看不见的氧
感觉不到肺
却能用喘
拽住腿

踩着
铺洒在路面上的阳光
那跳动在脸上的火焰
烧得一身的暖

一座又一座城市
在风和火里跑
那一个又一个站着的人
在发光，在燃烧

普布欧珠

灵魂居住的地方

飘着的我
看见自己的肉身
躺在藏式的木床上
那具慵懒的皮囊
陪我走过六十个春秋
在暗夜里我独自离开

飘着的我
看见一道道白光从梵天而降
光的周围寂静一片
没有任何声音
声音都被吸进了那墨色的暗夜中
这道梵天之光载着我的魂灵
来到了一片水土肥沃的牧场
一匹白色的瘦马在牧场里奔走

我看得入了迷
那匹瘦马本可以停下来歇息
吃吃蹄下油油的绿草
喝喝脚边甘甜的清水

而它却疲于奔波

不停地来回奔跑

远处有一个身披绛红色僧袍的僧侣在打坐

我飘过去

落在僧人的旁边

定睛一看

原来是一位俊俏的尼姑

眼睛在弯弯的眉下微闭着

如佛陀般的两片唇在微微地吐纳

听不见任何声响

只望见一片金色的光洒在那脸上

暖暖的

……

旦增扎西

定日不哭

大地的咆哮过后
定日端坐在坍塌的空气里
恭敬地拿起一把戒刀
仔细刮除全身毛发
用白布围身

火焰里一群孩子安详地化为灰烬
以此来亲吻母亲的血脉骨骼
而散落在各地的兄弟姐妹们
用粮食与经文
抚平了一寸寸坍塌的空气